**rowohlts monographien
begründet von Kurt Kusenberg
herausgegeben
von Klaus Schröter**

Joseph Conrad

mit Selbstzeugnissen
und Bilddokumenten
dargestellt von
Peter Nicolaisen

Rowohlt

Dieser Band wurde eigens für «rowohlts monographien» geschrieben
Den Anhang besorgte der Autor
Herausgeber: Klaus Schröter
Mitarbeit: Uwe Naumann
Assistenz: Erika Ahlers
Schlußredaktion: K. A. Eberle
Umschlagentwurf: Werner Rebhuhn
Vorderseite: Joseph Conrad in New York, 1923
Rückseite: Foto des Schiffes H.M.S. Ready, mit Notizen Conrads

Veröffentlicht im Rowohlt Taschenbuch Verlag GmbH,
Reinbek bei Hamburg, April 1988
Copyright © 1988 by Rowohlt Taschenbuch Verlag GmbH,
Reinbek bei Hamburg
Alle Rechte an dieser Ausgabe vorbehalten
Satz Times (Linotron 202)
Gesamtherstellung Clausen & Bosse, Leck
Printed in Germany
980-ISBN 3 499 50384 0

Inhalt

Vorbemerkung 7
Kindheit und Jugend in Polen 9
Die seemännische Laufbahn 19
   Die Jahre in Marseille 19
   Im Dienst der britischen Handelsmarine 25
Vom Seemann zum Schriftsteller 39
Frühe Romane und Erzählungen 55
Die großen Werke 76
   Die Darstellung der Außenwelt 85
   Wirklichkeitsverständnis und Moralvorstellungen 93
   Der Erzählvorgang 101
Ruhm 114

Anmerkungen 137
Zeittafel 141
Zeugnisse 144
Bibliographie 146
Namenregister 156
Nachbemerkung 158
Über den Autor 158
Quellennachweis der Abbildungen 158

Joseph Conrad, 1922

Vorbemerkung

Ich weiß, daß ein Romancier in seinen Werken lebt, hat Joseph Conrad in seinem Buch *Über mich selbst* gesagt. *Da steht er, in einer erdachten Welt die einzige Wirklichkeit inmitten vorgestellter Dinge, Ereignisse und Menschen. Indem er über sie schreibt, schreibt er nur über sich selbst. Doch die Enthüllung ist nicht vollständig. Bis zu einem gewissen Grade bleibt er eine Gestalt hinter einem Schleier; mehr eine vermutete als eine wahrgenommene Gegenwart – eine Bewegung und eine Stimme hinter dem Vorhang der Dichtung.*[1]*

Joseph Conrad hat die Stimme, in der er mit seinem Leser spricht, nicht nur in seinem erzählerischen Werk, sondern auch in seinen autobiographischen Schriften sehr bewußt gestaltet. Wie er später schrieb, *stürzte er sich im Alter von siebzehn Jahren, als er sein Heimatland Polen verließ, in eine bindungslose Existenz.*[2] Diese galt es zu rechtfertigen, vor sich selbst, vor seinen Lesern, vor der Geschichte. Immer wieder fühlte er sich gedrängt, *die Wirklichkeit* seines Lebens zu erklären und ihr eine bestimmte Form zu verleihen; *am Ende sollte das Bild einer Persönlichkeit entstehen, deren Herkunft und Handlungen einen begründbaren Zusammenhang ergeben.*[3]

Das Bestreben Conrads, der eigenen Lebensgeschichte eine bestimmte Gestalt zu verleihen, gibt seinen autobiographischen Schriften ihren besonderen Charakter. Sie werben um Verständnis und um Gemeinsamkeit, doch dabei verbergen sie häufig mehr, als sie offenbaren. Dies gilt auch für einen großen Teil der Korrespondenz des Erzählers. Conrad stellte sich auf sein Gegenüber ein; in persönlichen Dingen aber übte er gewöhnlich Zurückhaltung. Um zu erfahren, wie er wirklich war, müssen wir nicht selten zwischen den Zeilen lesen. *Homo duplex hat in meinem Falle mehr als eine Bedeutung,* schrieb er an einen Bekannten, der wie er seine Heimat verlassen hatte.[4] Das Bild eines ausgeglichenen, in sich selbst ruhenden Menschen, das der Autor in seinen Selbstzeugnissen gern präsentierte, war in der Tat nur eine Vision, und Conrad war sich der offenkundigen Gegensätze in seiner Biographie, der Widersprüche in seinem Wesen, seiner Fremdheit und Ruhelosigkeit wohl bewußt. Sichtbar

---

* Die hochgestellten Ziffern verweisen auf die Anmerkungen S. 137f.

werden die Spannungen, die er in seiner Person vereinigte, am ehesten in seinem erzählerischen Werk.

Leben und Werk Conrads sind in jüngster Zeit in zwei großangelegten Biographien ausführlich dokumentiert worden: in «Joseph Conrad: The Three Lives» von Frederick R. Karl (1979) und in «Joseph Conrad: A Chronicle» von Zdzisław Najder (1983). Die folgende Darstellung stützt sich insbesondere auf die Arbeit von Najder, hat aber auch von jener Karls viele Anregungen erhalten. Auf die überaus reiche Sekundärliteratur zum Werk Conrads kann in den Anmerkungen nur sehr gelegentlich verwiesen werden; die Bibliographie führt die wichtigsten Arbeiten auf.

Ich bin kein populärer Autor und werde wahrscheinlich nie einer sein, schrieb Conrad einer Freundin aus den Tagen seiner Kindheit und fügte hinzu: *Das macht mich nicht traurig, denn ich habe nie den Ehrgeiz gehabt, für das allmächtige Volk zu schreiben.*[5] Aber seine Leser waren ihm nicht gleichgültig, und er wollte verstanden werden: *Ich möchte für mich so viel Einsicht beanspruchen*, sagte er, *wie in einer von Anteilnahme und Mitgefühl geleiteten Stimme ausgedrückt werden kann.*[6]

Die Nowy-Swiat-Straße in Warschau, in der die Korzeniowskis lebten. Um 1860

Kindheit und Jugend in Polen

In einem Gedicht, das Conrads Vater zur Taufe seines Sohnes schrieb, finden sich die Verse: «Mein kleiner Sohn – keine Furcht; / schlaf nur, die Welt ist dunkel, / Du hast keine Heimat, kein Land. / [...] Fremde Geister werfen ihre Schatten, / [...] Der Himmel und die Gottheit umgeben Dich; / Sei gesegnet, mein kleiner Sohn: / Sei ein Pole!»[7] Apollo Korzeniowski, der Vater Conrads, war ein glühender Patriot; die «Schatten fremder Geister», die er in seinem Taufgedicht beschwört, sind jene Rußlands, Preußens und Österreichs, die das ehemalige Königreich Polen im Zuge der drei Teilungen zwischen 1772 und 1795 politisch entmachtet und untereinander aufgeteilt hatten. In *Prinz Roman*, einer der wenigen Erzählungen, die er in Polen ansiedelte, sprach Conrad später von seinem Heimatland als *diesem Land, das geliebt werden will, wie kein anderes Land je geliebt worden ist, mit der trauernden Inbrunst, die man für unvergeßliche Tote hegt, und mit dem Feuer einer hoffnungslosen Leidenschaft, wie sie nur ein lebendiges, atmendes, warmes Ideal in uns zu entzünden vermag*[8]. In seiner polnischen Herkunft sah Conrad eine Verpflichtung, zu der er sich stets bekannte, die ihn aber zugleich schmerzhaft belastete.

Józef Teodor Konrad Korzeniowski wurde am 3. Dezember 1857 in Berditschew in der heutigen ukrainischen Sowjetrepublik geboren. Seine Kindheit und Jugend sind aufs engste mit der politischen Situation Polens zur damaligen Zeit verbunden. Sowohl die väterliche wie die mütterliche Familie gehörte dem polnischen Landadel an, der Schicht der «Szlachta», die seit Jahrhunderten die tragende politische und gesellschaftliche Kraft im polnischen Königreich gebildet hatte. Beide Familien, schrieb Conrad später an seinen Freund Edward Garnett, *opferten ihr Vermögen, ihre Freiheit, ihr Leben für die Sache, an die sie glaubten, und nur wenige machten sich Illusionen über den Erfolg*[9]. Der Ton ist typisch: bei aller Bewunderung für jene, die sich für die Sache Polens eingesetzt und für sie gekämpft haben, bleibt Conrad distanziert. Im selben Brief charakterisiert er seine Großväter: *Mein Großvater väterlicherseits Theodor N. Korzeniowski diente in der Kavallerie. Ausgezeichnet mit dem Kreuz «Virtuti Militari»... Erwarb den Rang eines Hauptmanns, als 1830 der russischpolnische Krieg ausbrach... Zwei Verwundungen. Zog sich auf ein kleines Erbgut zurück... Mein anderer Großvater, Joseph Bobrowski, Landbe-*

Der Vater: Apollo Korzeniowski, 1862

sitzer, ein geistreicher Mann, Eigentümer einer berühmten Zucht von Steppenpferden, lebte und starb auf seinem Gut Oratow; geschätzt und viel beklagt... Hinterließ eine große Familie mit Söhnen und einer Tochter Eva – meiner Mutter.[10]

Joseph Conrads Vater Apollo (1820–69) studierte an der Universität von St. Petersburg Sprachen, Literatur und Rechtswissenschaft und war zunächst als Gutsverwalter tätig. Seine Werbung um Eva Bobrowski (1831–65) stieß auf erheblichen Widerstand der Familie Bobrowski, und erst nach dem Tod von Evas Vater, zehn Jahre nachdem sie sich kennengelernt hatten, wurde den beiden gestattet zu heiraten. Einer der wesentlichen Gründe für die Ablehnung Korzeniowskis lag in dessen politischer Gesinnung. Conrads Vater gehörte zu den «Roten», die ihre Hoffnung für Polens Zukunft in offenem Aufstand und einer militärischen Auseinan-

Die Mutter: Eva Korzeniowska, 1862

dersetzung mit der russischen Regierung sahen; die Bobrowskis dagegen zählten zu den «Weißen», die, um die Unabhängigkeit Polens zu erreichen, eher auf Verhandlungen und die diplomatische Hilfe auswärtiger Mächte, vor allem Englands und Frankreichs, setzten. Die Fraktion der «Weißen» war vorwiegend konservativ und bestrebt, die überkommenen sozialen Strukturen zu erhalten, während die «Roten» mit dem Kampf gegen die russische Unterdrückung zugleich weitreichende soziale Reformen verfolgten. Ein entschiedener Gegner Apollos und der von ihm vertretenen Politik war Tadeusz Bobrowski, der älteste Bruder Evas, der später Conrads Vormund wurde.

Apollos Erfolg als Gutsverwalter war gering. Seine wahren Neigungen gehörten der Literatur und der Politik. Er schrieb Gedichte, Dramen, zliterarische Aufsätze und politische Streitschriften und verfaßte zahlreiche Übersetzungen aus dem Englischen und Französischen ins Polnische. Um dem Zentrum des Widerstands gegen die Russifizierungspolitik von Zar Alexander II. (1818–81) näher zu sein, ging er im Frühjahr 1861 nach Warschau; seine Frau und der dreijährige Junge folgten wenige Monate später. Wegen seiner Aktivitäten im Untergrund – er hatte Aufrufe gegen das Regime verfaßt und verbreitet sowie geheime Treffen polnischer Widerstandsgruppen organisiert – wurde Korzeniowski im Oktober 1861 von der russischen Polizei verhaftet. Das Urteil gegen ihn, nach über sechsmonatiger Haft in der Warschauer Zitadelle gefällt, lautete auf Verbannung in die Provinz Perm. Auf Grund ihrer Mittäterschaft wurde Eva in die Bestrafung eingeschlossen.

Nach einer Intervention des Provinzgouverneurs wurde die Familie statt nach Perm unter polizeilicher Begleitung in das nördlich von Moskau gelegene Wologda gebracht. Die Folgen des Exils waren bitter. Zwar verlegten die Behörden die Korzeniowskis schon im Januar 1863 nach Tschernigow in der nördlichen Ukraine und Eva und der Junge durften einen mehrmonatigen Urlaub auf dem Besitz der Bobrowskis verbringen, doch der gesundheitliche Verfall Evas, beschleunigt durch das ungesunde Klima in Wologda und mangelnde ärztliche Betreuung, war nicht aufzuhalten. Conrads Mutter starb am 18. April 1865 an Tuberkulose, im Alter von knapp 34 Jahren.

Apollo, selbst durch ein Tuberkuloseleiden geschwächt, war zutiefst getroffen. Als ihm im Januar 1868 endlich erlaubt wurde, Rußland zu verlassen, zog er zusammen mit seinem zehnjährigen Sohn in den damals österreichischen Teil Polens, zunächst nach Lemberg, dann nach Krakau. Hier starb er, 49 Jahre alt, im Mai des darauffolgenden Jahres. In Begleitung von Mitgliedern der Familie und eines Freundes des Vaters marschierte der Junge Conrad an der Spitze des riesigen Trauerzugs, der «dem zu früh verstorbenen Dichter und großen Sohn Polens die letzte Ehre erwies», wie es in einem zeitgenössischen Bericht heißt.[11] Im Rückblick deutete Conrad die Beerdigungszeremonie als *eine Kundgebung des Geistes der Nation: Sie waren gekommen, um der glühenden Treue eines Mannes Tribut zu zollen, dessen Leben ein furchtloses Bekenntnis in Wort und Tat zu dem Glauben gewesen war, den das einfachste Herz in der Menge fühlen und verstehen konnte.*[12] Wiederum spürt man die leise Distanzierung dessen, der hier spricht. Nicht von den eigenen Gefühlen, sondern von denen anderer, vom *einfachsten Herz in der Menge* ist die Rede. Ob Conrad die Trauer um den Vater geteilt hat, bleibt offen.

Welche Wirkung die von Leid, enttäuschten Hoffnungen und Verzweiflung geprägten Jahre der Kindheit und der frühe Verlust der Eltern auf Conrad gehabt haben, ist schwer zu ermessen. Er wuchs ohne Spielgefährten auf, an einen regelmäßigen Schulbesuch war unter den Bedingungen des Exils nicht zu denken. Überdies war der Junge kränklich und mußte oftmals der Obhut von Verwandten überlassen werden. Die Zeit

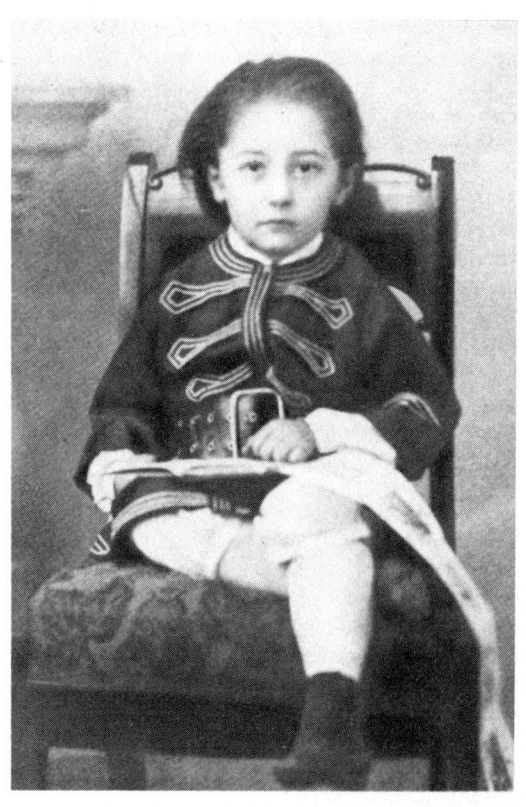

Konrad Korzeniowski, 1863

nach dem Tod der Mutter war besonders bedrückend, zumal der Vater das Kind kaum zu stützen vermochte. Zwar blieb Apollo trotz seiner geschwächten Gesundheit bis kurz vor seinem Tod politisch und literarisch tätig, aber seine späten Briefe sind von Klagen durchzogen: «Das arme Kind: es weiß nicht, was ein gleichaltriger Spielkamerad ist; es sieht meine Trauer und meine Schwäche, und wer weiß, ob sein junges Herz bei diesem Anblick nicht verkümmert und seine Seele grau wird... Meine Gesundheit nimmt rasch ab, und mein lieber, kleiner Wicht versorgt mich – nur wir beide sind auf dieser Erde nachgeblieben.»[13] In seinem Erinnerungsband *Über mich selbst* hat Conrad einen seiner letzten Eindrücke vom Vater festgehalten: *Mein Vater saß von Kissen gestützt in seinem tiefen Sessel. Später sah ich ihn nicht mehr außerhalb des Bettes. Er erschien mir weniger als ein hoffnungslos kranker denn als ein tödlich erschöpfter –*

ein überwältigter Mann. Der Akt der Vernichtung rührte mich deshalb so tief, weil er wie eine Kapitulation wirkte. Indessen nicht wie eine Kapitulation vor dem Tode. Für einen Menschen von so starker Gläubigkeit kann der Tod kein Feind gewesen sein.[14]

Wie Zdzisław Najder bemerkt, sieht Conrad in seinen Erinnerungen den Vater vor allem als einen politisch gescheiterten Mann und folgt darin, ob bewußt oder unbewußt, dem Urteil seines Onkels und Vormunds Tadeusz Bobrowski, für den Apollo zeit seines Lebens ein weltfremder Träumer blieb, dem es an Umsicht und politischer Klugheit mangelte. Verhaltene Kritik am Vater spricht auch aus dem schon erwähnten Brief Conrads an Garnett, in dem er Apollo als einen *äußerst sensiblen Mann* bezeichnet, *ein träumerisches und exaltiertes Temperament, düster und mit scharfer Ironie begabt, dabei von einem starken religiösen Gefühl getragen, das nach dem Verlust seiner Frau in einen mit Verzweiflung gepaarten Mystizismus abglitt.*[15]

Eindeutig positiv ist dagegen das Bild der Mutter. *Ihr Briefwechsel mit meinem Vater und ihren Brüdern... war eine Offenbarung für mich*, heißt es; in *Über mich selbst* erinnert sich Conrad an seine *Ehrfurcht vor ihrem geheimnisvollen Ernst* und übernimmt dann fast wörtlich eine Passage aus den «Memoiren» seines Onkels Tadeusz: *Sie wurde hin- und hergerissen zwischen der Liebe zu dem Mann, den sie schließlich heiratete, und dem Bewußtsein, daß sich ihr verstorbener Vater unmißverständlich gegen diese Verbindung ausgesprochen hatte... Indem sie mit ruhiger Standhaftigkeit den grausamen Prüfungen eines Lebens entgegentrat, in welchem sich all die nationalen und sozialen Mißgeschicke der Gemeinschaft spiegelten, erfüllte sie aufs schönste ihre Pflichten als Ehefrau, als Mutter und Patriotin, teilte die Verbannung ihres Gatten und verkörperte in edler Weise das Ideal der polnischen Frau.*[16]

Von den politischen Aktivitäten seiner Eltern kann Conrad als Kind nur wenig gewußt haben, wohl aber erinnerte er sich an die schriftstellerische Tätigkeit des Vaters. Früher und intensiver als andere Kinder machte sie ihn mit einer Fülle von literarischen Werken vertraut. *Seit meinem fünften Lebensjahr war ich ein eifriger Leser*, sagt er in seinen Erinnerungen; *mit zehn Jahren hatte ich viel von Victor Hugo und anderen Romantikern gelesen. Ich hatte polnisch und französisch gelesen, Geschichtliches, Reisebeschreibungen und Romane. Ich kannte «Gil Blas» und «Don Quijote» in gekürzten Ausgaben; als Knabe hatte ich polnische und auch einige französische Lyriker gelesen.*[17] Zu den Werken Hugos, die er schon damals kennenlernte, zählt der Roman «Les Travailleurs de la Mer», von dem er seinem Vater *von Anfang bis Ende zu dessen voller Zufriedenheit die Korrekturfahnen seiner* [Apollos] *Übersetzung vorgelesen* hatte. *Diese Lesung*, heißt es weiter, *war übrigens meine erste Bekanntschaft mit dem Meer in der Literatur.*[18] Der Vater führte den Jungen ebenfalls in die Werke Shakespeares ein, vor allem aber in die polnische

Krakau

Literatur des 19. Jahrhunderts. Noch im Jahre 1917 erinnerte sich Conrad: *Das Polnische habe ich von Mickiewicz und Słowacki übernommen. Mein Vater las mir laut aus «Pan Tadeusz» vor und ließ es mich laut vorlesen. Nicht nur ein- oder zweimal. Ich mochte damals «Konrad Wallenrod» und «Grażyna» lieber. Später zog ich Słowacki vor. Wissen Sie, warum Słowacki? Il est l'âme de toute la Pologne, lui* [er ist die Seele Polens].[19] Die Wirkung dieser in früher Jugend gewonnenen literarischen Eindrücke war erheblich; sie haben Conrads späteren Weg als Schriftsteller entscheidend geprägt. Er fühlte sich in einer literarischen Welt heimisch; der Umgang mit den großen Werken der europäischen Literatur war ihm etwas Selbstverständliches, ein nie in Frage gestelltes Erbe aus dem väterlichen Hause.

Joseph Conrads Schulbesuch blieb auch nach dem Tod des Vaters unregelmäßig. Ob er tatsächlich, wie er später angab, das deutsche St. Annen-Gymnasium in Krakau besucht hat, ist nicht zweifelsfrei zu klären. Zunächst wurde der Junge in einem Pensionat in Krakau untergebracht; später wohnte er bei seiner Großmutter mütterlicherseits, die seinetwegen nach Krakau gezogen war. Vor allem aber war es Tadeusz Bobrowski, der sich von jetzt ab seines jungen Neffen annahm und für dessen Unterhalt und Erziehung sorgte.

Tadeusz Bobrowski war in vieler Hinsicht das Gegenteil von Apollo Korzeniowski, lebenstüchtig, pragmatisch, politischen Wagnissen abhold und ein kluger Verwalter seines Besitzes. Schon wenige Monate nach dem Tod Apollos richtete er einen mahnenden Brief an sein Mündel, in Ton und Inhalt das Programm vorwegnehmend, das er auch in späteren Jahren nicht müde wurde, Conrad zu predigen: «Ohne eine gründliche Erziehung wirst Du es in der Welt nie zu etwas bringen, wirst nie für Deinen Unterhalt aufkommen können... Ein Mann, der nichts gründlich kann, der keine Charakterstärke hat, nicht selbständig arbeiten und sich keine Richtung geben kann, der ist kein Mann mehr, sondern eine Puppe, zu nichts Nutze. Darum tue Dein bestes, mein Kind, damit Du keine solche Puppe bist oder wirst, sondern ein nützlicher, fleißiger, tüchtiger und damit ein wertvoller Mann, und belohne uns auf diese Weise für unsere Mühe und Sorgen in der Zeit Deines Heranwachsens.»[20] Bobrowski blieb bis zu seinem Tod im Jahre 1894 ein väterlicher Freund Conrads, der ihm auch in schwierigsten Zeiten die Unterstützung nicht versagte. Conrad nannte ihn einen *Mann von Charakterstärke und ungewöhnlichen geistigen Gaben; seiner Sorge, Hingabe und seinem Einfluß*, sagte er, *verdanke ich die guten Eigenschaften, die ich vielleicht besitze*[21]. Der Widerstreit, der sich aus den so unterschiedlichen Temperamenten seines Vaters und seines Vormunds ergibt, hat in seinem Werk deutliche Spuren hinterlassen.

Auf Wunsch Bobrowskis verließ Conrad im Sommer des Jahres 1873 Krakau und ging nach Lemberg, wo er abermals in einem kleinen Pensionat wohnte, das von Verwandten Bobrowskis geleitet wurde. Er wurde in das Gymnasium eingeschult, konnte dem Unterricht allerdings wenig Interesse abgewinnen. Die Erinnerungen einer Cousine Conrads geben ein Bild des damals fünfzehnjährigen Knaben: «Er wohnte zehn Monate bei uns, als er in der siebten Klasse des Gymnasiums war. In geistiger Hinsicht war er allen anderen weit voraus, aber er lehnte die Routine der Schule ab, er fand sie langweilig und ermüdend. Er pflegte zu sagen, daß er sehr begabt sei und ein großer Schriftsteller werden wolle. Solche Äußerungen, zusammen mit seinem sarkastischen Gesichtsausdruck und häufigen kritischen Bemerkungen, schockierten seine Lehrer und riefen Gelächter unter seinen Klassenkameraden hervor. Er hatte eine Abneigung gegen jede Form von Beschränkung. Zu Hause, in der Schule oder im Wohnzimmer lümmelte er herum. Er hatte oft starke Kopfschmerzen und nervöse Anfälle; die Ärzte meinten, daß ein Aufenthalt an der Küste ihn kurieren könnte.»[22]

Eines der wenigen Schulfächer, das Conrad schätzte, war die Geographie. Gern erzählte er später davon, daß er als Kind, *während* er *eine zeitgenössische Landkarte von Afrika... betrachtete und* einen *Finger auf den weißen Fleck legte, der damals das ungelöste Geheimnis dieses Kontinents repräsentierte... mit absoluter Gewißheit und erstaunlicher Kühnheit... sagte: «Dort will ich hin, wenn ich erwachsen bin.»*[23]

Noch vor dem Umzug nach Lemberg hatte Bobrowski seinen Neffen in Begleitung eines Tutors, des Medizinstudenten Adam Pulmann, auf eine längere Reise in die Schweiz geschickt. Die Reise hatte allerdings nicht den beabsichtigten Erfolg. Sie sollte den jungen Conrad von einem

1874

Wunsch ablenken, den er seit längerem mit großer Beharrlichkeit vorgetragen hatte: er wollte zur See fahren. Das Vorhaben *rief eine Unmasse von Vorwürfen, Empörung, mitleidigem Staunen, bitterer Ironie und schlichtem Hohn hervor*, wie Conrad in seinen Erinnerungen schrieb, doch schließlich gab die Familie nach.[24] Noch ehe er die normale Schulzeit im Gymnasium abgeschlossen hatte, verließ der knapp siebzehnjährige Junge Polen. In Marseille sollte er eine Laufbahn in der französischen

Handelsmarine beginnen. Später schrieb ihm sein Onkel: «... mit bangem Herzen... aber frei, wie es Dein Wunsch war, ließen Großmutter und ich Dich in die Welt ziehen, mit unserem Segen, unserem Rat und unserer Hilfe.»[25]

Welche Vorhaltungen die Familie Conrad damals gemacht hat, wissen wir nicht, wohl aber steht fest, daß er später unter dem Vorwurf zu leiden hatte, mit dem Verlassen seiner Heimat Polen verraten zu haben. Er stellte sich diesem Vorwurf, akzeptierte ihn, bis zu einem gewissen Grade auch, aber hielt ihm die Überzeugung entgegen, daß der Mensch noch in einem scheinbaren Akt des Verrats Treue bewahren kann: *... weshalb sollte ich, der Sohn eines Landes, das von... Männern mit der Pflugschar aufgerissen und mit ihrem Blut getränkt worden ist, mich aufmachen, um auf den weiten Meeren Pökelfleisch und Schiffszwieback zu essen? Dem Nachsichtigen muß das zumindest eine unbeantwortete Frage bleiben. Ach! Ich bin der Überzeugung, daß es Männer von fleckenloser Rechtschaffenheit gibt, die bereit sind, verachtungsvoll das Wort Fahnenflucht zu murmeln. So kann einem der Geschmack an unschuldigen Abenteuern verdorben werden... Der Vorwurf der Treulosigkeit sollte niemals leichtfertig erhoben werden... Die innere Stimme mag sich in geheimem Ratschluß von Treue leiten lassen, und die Treue einer bestimmten Tradition gegenüber mag auch in den Begebenheiten eines fremdartigen Daseins gewahrt bleiben, das gläubig dem vorgezeichneten Wege eines unerklärlichen Impulses folgt. Es würde zu lange dauern, das enge Bündnis der Widersprüche in der Natur des Menschen zu erklären, das der Liebe gelegentlich das Aussehen des zum Letzten entschlossenen Verrates gibt. Vielleicht gibt es auch keine brauchbare Erklärung.*[26]

Gerade *das enge Bündnis der Widersprüche in der Natur des Menschen* und insbesondere das Verhältnis von Verrat und Treue bilden ein zentrales Motiv in Conrads späterem Werk. Damals freilich, als er Krakau verließ, konnte er nicht wissen, daß er im Laufe seines Lebens nur dreimal und jeweils nur für relativ kurze Aufenthalte in seine Heimat zurückkehren sollte, noch konnte er ahnen, daß er eines Tages als einer der großen Schriftsteller englischer Sprache gefeiert werden würde. Der Vorwurf des Verrats, mit dem er sich später auseinanderzusetzen hatte, hängt aber vor allem mit seinem schriftstellerischen Schaffen zusammen. Darum ist es durchaus gerechtfertigt, in dem Wunsch des Siebzehnjährigen, zur See zu gehen, zunächst tatsächlich nichts anderes als das Fernweh und die Abenteuerlust eines Jungen zu sehen, den in der Heimat wenig hielt – kein Elternhaus, keine Ausbildung, die ihn interessierte, dagegen aber die drohende Gefahr eines langjährigen Militärdienstes in der russischen Armee. *Ich stieg im Jahre 1874 in Krakau in einen Zug (den Expreß nach Wien), wie man in einen Traum geraten kann*, schrieb Conrad 40 Jahre später an John Galsworthy.[27] Nüchterner sagte er an anderer Stelle: *Die Hauptsache war, wegzukommen.*[28]

Die seemännische Laufbahn

Die Jahre in Marseille

Einen *unbelehrbaren, hoffnungslosen Don Quijote* hatte Adam Pulmann Conrad genannt, als dieser sich auf der Reise in die Schweiz von seinen Seefahrtsplänen nicht abbringen ließ.[29] Manche Erlebnisse des jungen Mannes in Marseille erinnern tatsächlich an den Ritter von La Mancha; andererseits lernte Conrad in den vier Jahren, die er in Frankreich und auf französischen Schiffen verbrachte, *auf den Wegen seines Berufes zu wandeln und zuzunehmen in der Liebe zur See*, wie er es in *Spiegel der See* (*The Mirror of the Sea*) etwas pathetisch formuliert hat.[30] Zielstrebig allerdings war er nicht – lange Mahnbriefe des Onkels legen Zeugnis davon ab, daß es ihm nicht leicht fiel, seinen Weg zu finden.

Materiell war Conrad durch ein bescheidenes Erbe und die Hilfe Bobrowskis versorgt. Bobrowski hatte ebenfalls schon vor Conrads Abreise Verbindungen nach Marseille geknüpft, um seinem Neffen den Start in der französischen Handelsmarine zu erleichtern. Zunächst nahm sich der Lotse Baptistin Solary seiner an; als *le petit ami de Baptistin*, schreibt Conrad in *Über mich selbst, machte mich die Lotsenkorporation zu ihrem Gast und erlaubte mir, mich bei Tag oder Nacht nach Belieben in ihren Booten aufzuhalten. Viele Tage und auch Nächte verbrachte ich unterwegs mit diesen rauhen, gutartigen Männern, unter deren Anleitung mein Vertrautsein mit der See begann.*[31] Schon bald folgten erste größere Reisen zur See, als Passagier auf einem Segelschiff nach Martinique, dann als Leichtmatrose abermals zu den westindischen Inseln. Doch Conrad scheint auch das Leben an Land genossen zu haben. Marseille war schon damals eine überaus lebendige Stadt; mit ihren vielen Cafés, den Theater- und Opernhäusern, mit dem lebhaften Hafenbetrieb und dem florierenden Handel muß sie den jungen Polen beeindruckt haben. Er gab viel Geld aus, und Bobrowski mußte mehrfach helfend einspringen. Später zitierte Conrad den Ratschlag Mme. Delestangs, der Gattin des Reeders, auf dessen Schiffen er fuhr: «*Il faut ... faire attention à ne pas gater sa vie*»; *... man muß darauf achten, sein Leben nicht zu verpfuschen.*[32] Der Gedanke an eine solche Gefahr, fügte er hinzu, sei ihm freilich ganz und gar abwegig erschienen.

Einige der Reisen, die er auf den Schiffen Delestangs unternahm, haben Spuren in seinem Werk hinterlassen. So etwa diente ihm der Korse Dominic Cervoni, dem er auf dem Segelschiff «Saint-Antoine» begegnete, als Vorbild für die Figur Nostromos in dem gleichnamigen Roman

Der Hafen von Marseille

wie auch für jene Peyrols in *Der Freibeuter* (*The Rover*). In *Spiegel der See* nennt er Cervoni einen *gewaltigen Seefahrer* und rundet das Porträt in romantisch überhöhter Weise ab: *Wenn er an Bord... in einen schwarzen «caban», den malerischen Mantel der Seeleute des Mittelmeeres, eingehüllt* dastand, sah er mit dem dichten Schnurrbart und seinen wissenden, durch den Schatten der tiefen Kapuze betonten Augen piratenhaft und mönchisch aus und überdies geheimnisvoll eingeweiht in die furchtbarsten Mysterien des Meeres.[33] Es ist nicht auszuschließen, daß er auf einer der Westindienfahrten mit Cervoni zusammen einen kurzen Abstecher an die Küste von Venezuela gemacht hat; in einem späteren Brief spricht er von einem Aufenthalt von zweieinhalb bis drei Tagen *an jener trostlosen Küste*[34]. Erinnerungen an diese Tage müssen bei der Abfassung des Romans *Nostromo* wachgeworden sein.

Conrads Briefe an seinen Vormund sind ausnahmslos verlorengegangen, aber aus den Reaktionen Bobrowskis auf die Mitteilungen seines Neffen können wir eine ungefähre Vorstellung von dem Auftreten des jungen Mannes in Marseille gewinnen. Er muß stolz und überaus empfindlich gewesen sein, zu impulsiven Handlungen geneigt und auf Kritik eher hochfahrend reagiert haben. Sein Onkel erkannte in solchen Eigenschaften Spuren des väterlichen Erbes und hielt Conrad zu Vernunft und Mäßigung an. Doch seine Mahnungen blieben ohne Erfolg. Der Neunzehnjährige ließ sich alsbald auf ein Abenteuer ein, das ihn an den Rand des Selbstmords trieb.

Den Kern dieser Affäre, die bis heute nicht ganz geklärt ist, bildete Conrads eigener Darstellung zufolge der Versuch einer kleinen Gruppe von Personen, unter ihnen Conrad selbst, zur Unterstützung des spanischen Thronprätendenten Don Carlos Waffen aus der Gegend von Marseille nach Spanien zu schmuggeln. Wie wir in Conrads spätem Roman *Der goldene Pfeil* (*The Arrow of Gold*) und in *Spiegel der See* lesen, wurden die Waffen angeblich auf der «Tremolino», einem kleinen Segelschiff, das Conrad anteilig gehörte und von Dominic Cervoni geführt wurde, von Marseille an die Costa Brava verschifft. Nach einer Reihe von erfolgreichen Fahrten wurden die Schmuggler verraten, gerieten in eine Falle der spanischen Küstenwache und mußten das Schiff versenken. In *Der goldene Pfeil* stellt Conrad das Schmuggelabenteuer überdies in den Zusammenhang einer romantischen Liebesgeschichte – der Erzähler des Romans, ein Monsieur George, in dem wir unschwer den jungen Conrad erkennen, läßt sich auf den Waffentransport vor allem um seiner Liebe zu einer Doña Rita willen ein. Rita ist die frühere Geliebte des Don Carlos; George gewinnt ihr Herz und wird später in einem Duell mit einem Rivalen schwer verwundet, Rita aber verläßt ihn.

Sehr viel nüchterner als die verschiedenen Versionen dieser abenteuerlichen Geschichte, die aus Conrads Feder stammen, fällt der Bericht Bobrowskis aus, den dieser bald nach dem Geschehen abfaßte. Man habe ihn telegrafisch darüber informiert, daß Conrad verletzt sei, schreibt Bobrowski; nach seiner Ankunft in Marseille habe er folgendes in Erfahrung gebracht: «Zwar war sich Conrad absolut sicher, daß er Kapitän Escarras auf seiner nächsten Fahrt [auf der «Sainte-Antoine»] begleiten sollte,

Tadeusz Bobrowski

doch das Bureau de l'Inscription versagte ihm die Erlaubnis dazu mit der Begründung, er habe als einundzwanzigjähriger Ausländer in seiner Heimat den Militärdienst abzuleisten. Dann entdeckte man, daß er von seinem Konsul niemals eine Aufenthaltserlaubnis erhalten hatte... Conrad war gezwungen, an Land zu bleiben, ohne eine Hoffnung, auf französischen Schiffen fahren zu können. Doch bevor sich dies alles zutrug, brach eine andere – diesmal finanzielle – Katastrophe über ihn herein. Er war noch im Besitz von 3000 Francs, die ich ihm für seine Reise geschickt hatte, als er mit seinem ehemaligen Kapitän, Herrn Duteil, zusammentraf, der ihn dazu überredete, sich an irgendeinem Unternehmen an den Küsten Spaniens zu beteiligen – irgendeine Schmuggelgeschichte! Er investierte dafür 1000 Francs und machte mehr als 400 Francs Gewinn, was die beiden so sehr freute, daß er bei der nächsten Gelegenheit gleich alles Geld, das er noch hatte, riskierte – und restlos verlor... Conrad saß da, arm wie eine Kirchenmaus und obendrein hochverschuldet...» Bobrowski berichtet dann von Conrads vergeblichem Bemühen, als Matrose in einem amerikanischen Flottengeschwader unterzukommen, von weiteren Geldverlusten beim Glücksspiel in Monte Carlo und schließlich von einem Selbstmordversuch seines Neffen: «Nachdem er es nun so herrlich weit gebracht hat, kehrt er nach Marseille zurück. Eines schönen Abends lädt er seinen Freund, den Gläubiger, zum Tee ein und versucht,

Das Casino in Monte Carlo

sich vor dessen Eintreffen mit einem Revolver das Leben zu nehmen... Die Kugel geht... knapp am Herzen vorbei, ohne jedoch ein wichtiges Organ verwundet zu haben. Glücklicherweise ließ er alle seine Adressen oben auf seinen Sachen liegen, so daß mich dieser ehrenwerte Herr... umgehend benachrichtigen konnte.»[35]

Bobrowskis Bericht beruht auf dem, was ihm Conrad erzählt hat, sowie auf eigenen Nachforschungen, die er während seines Aufenthalts in Marseille angestellt hat. Da auch gründlichste Recherchen keinerlei Belege für Conrads eigene Darstellung seiner Schmuggelfahrten zutage gefördert haben, bleibt nur der Schluß übrig, daß er seine Spuren verwischen und einer ihm zweifellos peinlichen Episode aus seiner Jugend später den Glanz eines heroischen Abenteuers verleihen wollte. Was sich hinter Bobrowskis Hinweis auf «irgendeine Schmuggelgeschichte» verbirgt, ist ungewiß; die vorliegenden Informationen sprechen jedoch dagegen, daß diese im Zusammenhang mit den militärischen Kampagnen der Carlisten stand. Eher scheint es, als habe sich Conrad bei seinen späteren Darstellungen auf eine Vielfalt von sehr unterschiedlichen Quellen gestützt, nur zum geringsten Teil aber auf eigene Erlebnisse.

Festzuhalten ist, daß er sich am Ende seines Aufenthalts in Marseille in einer scheinbar aussichtslosen Situation befand. Er hatte sein Geld verloren, hohe Schulden, keine Chancen für ein berufliches Fortkommen, und überdies drohte ihm die Rückkehr nach Polen mit den bereits erwähnten Folgen eines langen Militärdienstes. Ob der Selbstmordversuch nur ein Hilferuf war oder wirklicher Hoffnungslosigkeit entsprang, ist schwer zu entscheiden. Sein pragmatisch gesonnener Onkel jedenfalls scheint ihn eher als eine jugendliche Torheit denn als Akt der Verzweiflung angesehen zu haben. Als er Marseille wieder verließ, war er überzeugt, «daß noch immer ein richtiger Mann aus [Conrad] werden» könne.[36] Man entschied, daß er zur englischen Handelsmarine gehen solle, «wo es nicht solche Formalitäten gibt wie in Frankreich»[37]. Auch wenn die Verbindung zur polnischen Heimat durch den Briefwechsel mit seinem Onkel und die weitere finanzielle Unterstützung, die er von Bobrowski erhielt, nicht abriß, war Conrad – er war noch keine 21 Jahre alt – von jetzt ab auf sich allein gestellt.

Im Dienst der britischen Handelsmarine

Wenn schon Seemann, dann nur britischer Seemann, hat Conrad in *Über mich selbst* geschrieben, gleichsam als habe sein Entschluß, sich der britischen Handelsmarine zu verpflichten, von Anfang an festgestanden.[38] Solchem Bemühen, seiner Biographie einen bestimmten Plan oder doch eine gewisse Folgerichtigkeit zu unterlegen, begegnen wir in seinen autobiographischen Schriften häufiger. Bei näherer Betrachtung erweist sich die vermeintliche Zielstrebigkeit indessen nicht selten als Zufall oder zumindest als Ergebnis von Umständen, die Conrads Kontrolle weitgehend entzogen waren. Dies gilt, wie der Bericht Bobrowskis gezeigt hat, auch für den Eintritt in die britische Handelsmarine. An seinem Wunsch, zur See zu fahren, hatte sich nichts geändert, doch eine Karriere auf französischen Schiffen war ihm verwehrt. Im April 1878 schiffte er sich in Marseille auf dem kleinen englischen Dampfer «Mavis» ein – mit diesem Schritt beginnt seine eigentliche seemännische Laufbahn. Fast sechzehn Jahre lang fuhr Conrad zur See, zunächst als einfacher Matrose, später, nach dem Erwerb der entsprechenden Patente, als Offizier auf Dampf- und Segelschiffen, bis ihm – im Jahre 1888 – das Kommando über ein Segelschiff übertragen wurde. Damit hatte seine Laufbahn ihren Höhepunkt erreicht. Nach einem knappen Jahr im belgischen Kongo wurden die Landaufenthalte immer länger, und schließlich ließ er sich im Alter von 36 Jahren in England nieder. Noch als Schiffsoffizier hatte er zu schreiben begonnen; vom Jahre 1894 an lebte er von seiner literarischen Arbeit.

Nach einer zweimonatigen Reise durch das Mittelmeer ging Conrad im Juni 1878 in Lowestoft an der Küste von Norfolk von Bord der «Mavis» und betrat damit zum erstenmal englischen Boden. Die seemännischen Erfahrungen, die er bis dahin gesammelt hatte, können nicht groß gewesen sein; von der englischen Sprache wird er nicht mehr als ein paar Brocken verstanden haben. Dennoch bestand er schon nach zwei Jahren seine Prüfung als Zweiter Offizier, ein Zeichen dafür, daß er die Mahnungen seines Onkels, strebsam zu sein und sich um sein Fortkommen zu bemühen, nicht ganz in den Wind geschlagen haben kann. Inzwischen war er als Matrose auf einem kleinen Küstenschoner in der Nordsee, auf einem Wollklipper nach Australien und abermals auf einem kleinen Dampfschiff im Mittelmeer gefahren.

Seine Erinnerungen lassen von der Härte der Arbeits- und Lebensbedingungen an Bord wenig spüren, aber daß er sein Los bisweilen beklagt hat, geht aus den Briefen Bobrowskis deutlich hervor. «Du mußt für Dich selbst denken und handeln», heißt es dort etwa, «denn Du hast Dir eine Laufbahn gewählt, die Dich von Deinen natürlichen Ratgebern weit entfernt hat. Du hast es so gewollt – Du hast es getan – Du hast es freiwillig so gewählt. Füge Dich den Ergebnissen Deiner Entscheidungen... ich habe Dich nicht dahin geschickt, wo Du bist.»[39] Die Einsamkeit in den Tagen,

Im Londoner Hafen, 1893

Oxford Circus in London, 1888

die er zwischen zwei Reisen oder auf der Suche nach einer neuen Heuer in der ihm fremden Stadt London empfand – gewöhnlich wohnte er als «möblierter Herr» in einfachen Quartieren –, stand Conrad auch später noch vor Augen: *Kein Kundschafter hätte einsamer sein können als ich. Ich kannte keine Menschenseele unter all diesen Millionen, die die geheimnisvollen Weiten der Straßen bevölkerten.*[40] Im übrigen stellte er seine Anfänge als Seemann gern als eine Herausforderung dar, der er sich mit jugendlicher Zuversicht und Energie unterwarf: *Ich verfolgte ein klares Ziel, ich führte einen bestimmten Plan aus, demzufolge ich erstens ein Seemann werden wollte, der des Dienstes würdig und gut genug war, um an der Seite der Männer zu arbeiten, unter denen ich lebte, und zweitens mußte ich mir selbst gegenüber meine Existenz rechtfertigen, um auf diese Weise eine mir stillschweigend auferlegte moralische Verpflichtung einzulösen.*[41]

So sicher, wie er es in seinen Erinnerungen vorgibt, war Conrad sich seiner Sache damals allerdings nicht. Noch kurz vor seiner Steuermannsprüfung hatte er die Absicht, sich als Privatsekretär eines kanadischen

Politikers und Geschäftsmanns zu verdingen, wenig später suchte er nach Wegen, im Walfanggeschäft Geld zu verdienen, und mehr als einmal trug er sich mit dem Gedanken, in eine Londoner Schiffshandelsfirma einzutreten. Inwieweit ihn die Routine des Lebens an Bord ausgefüllt und wie er seine Tage an Land verbracht, welchen Umgang er gepflegt hat, all dies wissen wir nicht. Offenbar hat er viel gelesen; er kaufte sich die Werke Byrons und eine einbändige Ausgabe der Dramen Shakespeares; auch mit den Romanen Flauberts scheint er sich schon früher beschäftigt zu haben, als er später zugeben wollte.

Ob er schon in den achtziger Jahren gelegentlich an eine schriftstellerische Karriere gedacht hat? Möglicherweise beteiligte er sich mit einer Geschichte – sie wurde unter dem Titel *Der schwarze Steuermann* (*The Black Mate*) erst postum veröffentlicht – an einem von einer Londoner Wochenschrift veranstalteten Wettbewerb zum Thema «Meine Erfahrungen als Seemann». Auf den Vorschlag seines Onkels, regelmäßig Artikel über seine Reisen für eine polnische Zeitschrift zu verfassen, ging er jedoch nicht ein, auch wenn Bobrowskis Argumente ihm eingeleuchtet haben mögen: «Dein Stil ist nicht schlecht... Du wärest gut beraten, wenn Du Beiträge für die ‹Wędrowiec› in Warschau schreiben würdest... Dies wäre eine gute Übung in Deiner Muttersprache, diesem Band, das Dich mit Deiner Heimat und Deinen Landsleuten verknüpft, und schließlich ein Tribut an die Erinnerung Deines Vaters, der seinem Land immer mit der Feder dienen wollte und gedient hat.»[42]

Doch Conrad blieb zunächst Seemann. Obwohl er seine Pflichten als Zweiter Steuermann zuverlässig erfüllte, vergingen bis zum Erwerb des nächst höheren Patents vier Jahre. Die ungewöhnlich lange Frist ist vor allem damit zu erklären, daß für die Zulassung zur Prüfung zum Ersten Offizier eine mindestens zwölfmonatige Tätigkeit als Wachoffizier nachgewiesen werden mußte, Conrad diesen begehrten Posten aber nicht auf allen der nun folgenden Reisen erhielt. Zunächst fuhr er abermals auf einem Wollklipper nach Australien, dann heuerte der knapp Vierundzwanzigjährige auf der kleinen Bark «Palestine» an, die Kohlen von Newcastle nach Bangkok befördern sollte. Diese von außerordentlichen Widrigkeiten begleitete Reise bildet die Vorlage für die Erzählung *Jugend* (*Youth*) – hier trägt das Schiff den Namen «Judea». Wegen heftiger Stürme brauchte die «Palestine» schon für die Strecke von London nach Newcastle, wo die Kohlen geladen wurden, 22 Tage; nachdem die Ladung übernommen war, geriet das Schiff im Ärmelkanal erneut in einen Sturm, schlug Leck und mußte in den Hafen von Falmouth an der Küste von Cornwall einlaufen. Dort blieb es acht Monate lang für Reparaturarbeiten liegen; die Unglückssträhne aber hielt an: als die «Palestine» im März 1883 endlich die Straße von Bangka östlich von Sumatra erreicht hatte, brach Feuer in der Ladung aus, und das Schiff mußte aufgegeben werden. Die dreizehnköpfige Besatzung rettete sich in den Booten in den kleinen

Singapur, um 1890

Hafen von Muntok auf der Insel Bangka, von wo sie wenig später auf einem anderen Schiff nach Singapur gebracht wurde.

Seinem Onkel muß Conrad über die fast groteske Serie von Unglücksfällen ausführlich berichtet haben; er bezeichnet die «Palestine» als ein *miserables* Schiff, und noch nach Jahren nannte er den Hafen von Muntok *ein verdammtes Loch ohne jeden Strand und ohne jeden Glanz*[43]. Hat er selbst damals etwas von dem Zauber des Ostens gespürt, den er in der über zwanzig Jahre später entstandenen Erzählung *Jugend* beschwört? Dort heißt es: *Die Palmenwedel standen still gegen den Himmel. Kein Zweig regte sich längs des Ufers, und die braunen Dächer verborgener Häuser lugten durch das grüne Laubwerk, durch die großen Blätter, die glänzend und still dahingen... Das war der Osten, wie er den Seefahrern alter Zeiten erschienen sein mochte, so alt und geheimnisvoll, prächtig und düster, unverändert lebendig, voller Gefahr und Lockung.*[44] Schon als junger Mann muß Conrad für Eindrücke dieser Art empfänglich gewesen sein, Form gewinnen sie jedoch erst in der rückblickenden literarischen Gestaltung.

Der Sommer des Jahres 1883 brachte Conrad ein Wiedersehen mit seinem Onkel, das erste nach fünf Jahren. Die beiden blieben einen Monat lang zusammen in den nordböhmischen Bädern Marienbad und Teplitz. Conrad hatte allen Grund, dem Onkel dankbar zu sein, denn Bobrowski hatte ihm nach wie vor regelmäßige finanzielle Unterstützung zukommen lassen, die seinen mageren Lohn in der Handelsmarine aufbesserten. Weiterhin kaufte Bobrowski seinem Neffen Anteile an einer Londoner Schiffshandelsfirma; diese geschäftliche Verbindung sollte Conrad später noch zugute kommen. Die Transaktion läßt vermuten, daß sein Entschluß, sich um den Erwerb der britischen Staatsangehörigkeit zu bemühen – zu einem solchen Schritt hatte Bobrowski ihn mehrfach gedrängt –, in dieser Zeit bereits feststand. Um so mehr scheint ihm daran gelegen zu haben, gerade jetzt seine Loyalität Polen gegenüber zu bekunden. In einem Brief aus Teplitz an Stefan Byszczynski, der für kurze Zeit nach Apollos Tod sein Vormund gewesen war, heißt es: *Obwohl ich lange von meinem Heimatland entfernt gewesen bin und man meinen könnte, ich hätte die mir einst erwiesenen Wohltaten vergessen, habe ich in der Tat weder meine Heimat, meine Familie noch jene vergessen, die mir gegenüber so gütig gewesen sind... ich werde mich immer dessen erinnern, was Sie mir sagten, als ich Krakau verließ: «Erinnere Dich daran», sagten Sie, «wohin Du auch fährst, Du fährst nach Polen!» Das habe ich nie vergessen und werde es nie vergessen.*[45] Nur wenige Jahre später sagte er, mit einer vielleicht bezeichnenden Einschränkung, *wenn ich Englisch spreche, schreibe oder denke, bedeutet das Wort «zu Hause» für mich immer die gastfreundlichen Küsten Großbritanniens*[46]. Anzeichen dafür, daß ihn die Frage seiner Nationalität belastet hätte, gibt es aus dieser Zeit nicht.

Joseph Conrad bestand die Prüfung als Erster Steuermann im Dezember 1884, allerdings erst im zweiten Anlauf. Wie bei der Prüfung zum Kapitän knapp zwei Jahre später mögen sprachliche Schwierigkeiten im Wege gewesen sein, vielleicht mangelte es ihm auch an theoretischer Vorbereitung. In seinen Erinnerungen hat er die Notwendigkeit einer Wiederholungsprüfung diskret verschwiegen, wohl aber erwähnt, daß man es ihm nicht leichtgemacht habe. Dabei waren seine Zeugnisse durchweg gut. Der Kapitän der «Palestine» empfahl ihn als einen «nüchternen, ehrlichen Mann»; der Erste Offizier beurteilte ihn noch positiver: «...ausgezeichneter Kerl, guter Offizier, der beste Zweite Steuermann, mit dem ich je gesegelt bin.»[47]

Nur wenige der Reisen, die Conrad in diesen Jahren machte, haben so deutliche Spuren in seinem erzählerischen Werk hinterlassen wie die Fahrt auf der «Palestine». Je nach den Möglichkeiten, die sich ihm boten, fuhr er als Erster oder Zweiter Steuermann zumeist auf großen Segelschiffen, auf der «Loch Etive» nach Australien, auf der «Riversdale» von London nach Madras, auf der «Narcissus» von Bombay nach Dünkirchen, auf der «Tilkhurst» von Hull über Singapur nach Kalkutta und zurück nach Dundee in Schottland. Die «Narcissus» – *ein herrliches Schiff, mit der ganzen Anmut einer Yacht*[48], wie Conrad später gesagt hat – wird in der Erzählung *Der Nigger von der «Narzissus»* beschrieben, doch wie in den meisten seiner Seegeschichten dürfen wir auch hier keine

Detailtreue erwarten. Conrad neigte dazu, auch dem einfachen Matrosen heroische Züge zu verleihen und ihn mit Tugenden auszustatten, die dieser in Wirklichkeit wahrscheinlich selten besaß. Die tatsächlichen Lebensbedingungen an Bord eines Segelschiffs zur damaligen Zeit, «der Gestank unter Deck, die Feuchtigkeit und die Kälte oder Hitze, die häufigen Perioden schlechten Essens und anscheinend endloser Langeweile», kurz «die täglichen Unbequemlichkeiten und das elende Leben, denen ein Seemann unweigerlich ausgesetzt war», bleiben, wie Jocelyn Baines schreibt, in seinen Erzählungen zumeist ausgespart.[49] Dem Seemann Conrad waren sie allerdings wohl bewußt. In einem Brief aus Kalkutta heißt es, *ich habe die Nase voll davon, für wenig Geld und noch weniger Anerkennung herumzusegeln*[50].

Auf einer Zwischenstation in Wales hatte Conrad im Jahre 1885 eine polnische Emigrantenfamilie kennengelernt, mit deren Sohn, dem mit ihm etwa gleichaltrigen Joseph Spiridion Kliszczewski, er sogleich eine herzliche Freundschaft schloß. Offensichtlich drängte es ihn, sich mitzuteilen: in einem Zeitraum von nur vier Monaten richtete er nicht weniger als fünf zum Teil sehr ausführliche Briefe an den neugewonnenen Freund. Es sind die ersten überlieferten Briefe Conrads in englischer Sprache, in Stil und Ausdruck im wesentlichen korrekt, dabei aber recht förmlich und bisweilen etwas gestelzt in den Formulierungen. Wie auch in seiner späteren Korrespondenz bleiben die *gewöhnlichen Dinge des Lebens* zumeist ausgespart[51]; im Vordergrund der Briefe an Kliszczewski stehen geschäftliche Vorhaben, vor allem das schon erwähnte Walfangprojekt, und politische Themen. Mit Vehemenz reagierte der junge Schiffsoffizier aus Polen auf das Ergebnis der englischen Wahlen im Jahre 1885, in denen die liberale Partei mehr Stimmen gewonnen hatte als die Konservativen: *...jeder Lumpenkerl in Europa glaubt, daß der Tag der allgemeinen Verbrüderung, der Räubereien und des Aufruhrs mit Macht naht, und gibt sich Tagträumereien von wohlgefüllten Taschen inmitten des Ruins all dessen hin, was achtbar, verehrungswürdig und heilig ist... Wo ist der Mann, der den Ansturm sozialdemokratischer Ideen aufhalten könnte?... England war die einzige Barriere gegen das Vordringen teuflischer Doktrinen, geboren in den verkommenen Hinterhöfen des Kontinents. Jetzt ist nichts mehr da!* Der Brief endet mit einer weltmüden, fatalistischen Note: *Ich blicke mit der Gelassenheit der Verzweiflung und der Gleichgültigkeit der Verachtung auf die Ereignisse, wie sie vorüberziehen. Trennung von Kirche und Staat, Landreform, Menschheitsverbrüderung sind nur wie Meilensteine an der Straße zum Untergang. Kein Zweifel, es wird mit Schrecken enden!*[52]

Wer mit dem Werk Conrads vertraut ist, wird über die konservative Haltung des Briefschreibers weniger überrascht sein als über das Pathos und die eher theatralische Art, in der dieser seine Ansichten vorträgt. Von der Gelassenheit, die er für sich in Anspruch nimmt, ist wenig zu

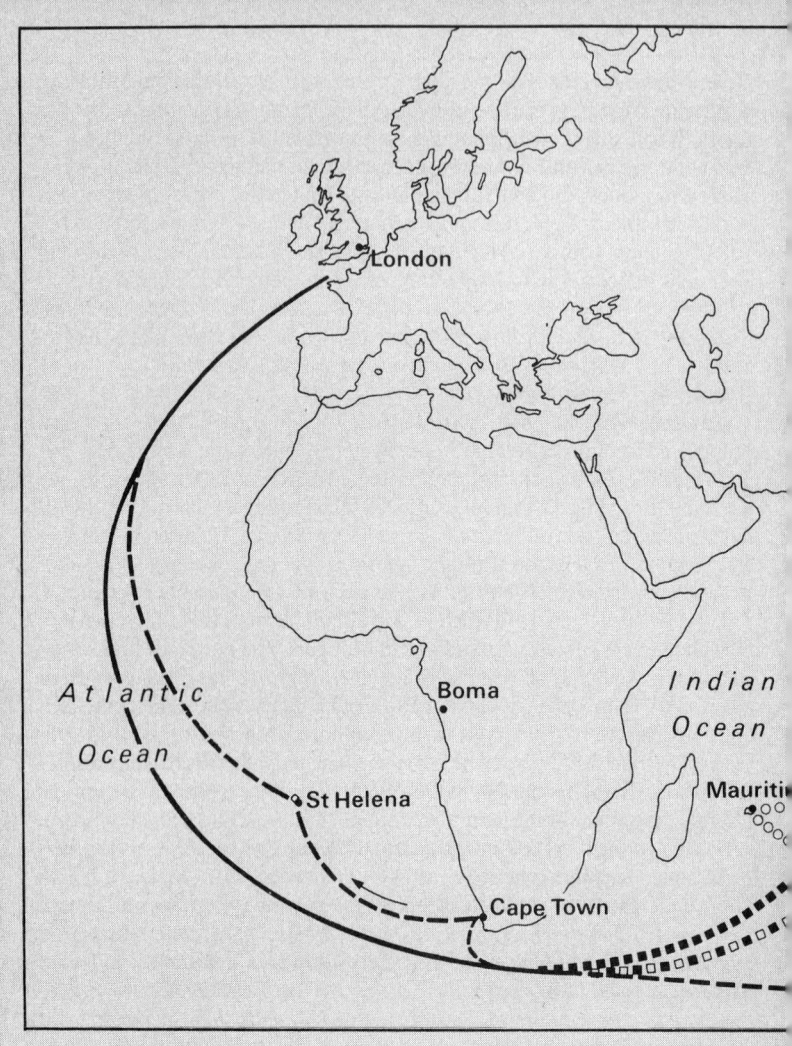

spüren, wohl aber von dem Temperament der väterlichen Familie, das sein Onkel so oft an ihm getadelt hatte. Inhaltlich hätte sich Conrad allerdings nicht weiter von der politischen Einstellung seines Vaters entfernen können, als er es hier tut. Wie Najder meint, waren es vielleicht seine Erfahrungen mit aufsässigen und disziplinlosen Seeleuten, die ihn so enragiert gegen «den Sozialismus» zu Felde ziehen ließen; möglicherweise nahm er aber auch nur eine bestimmte Pose ein, von der er glaubte, daß

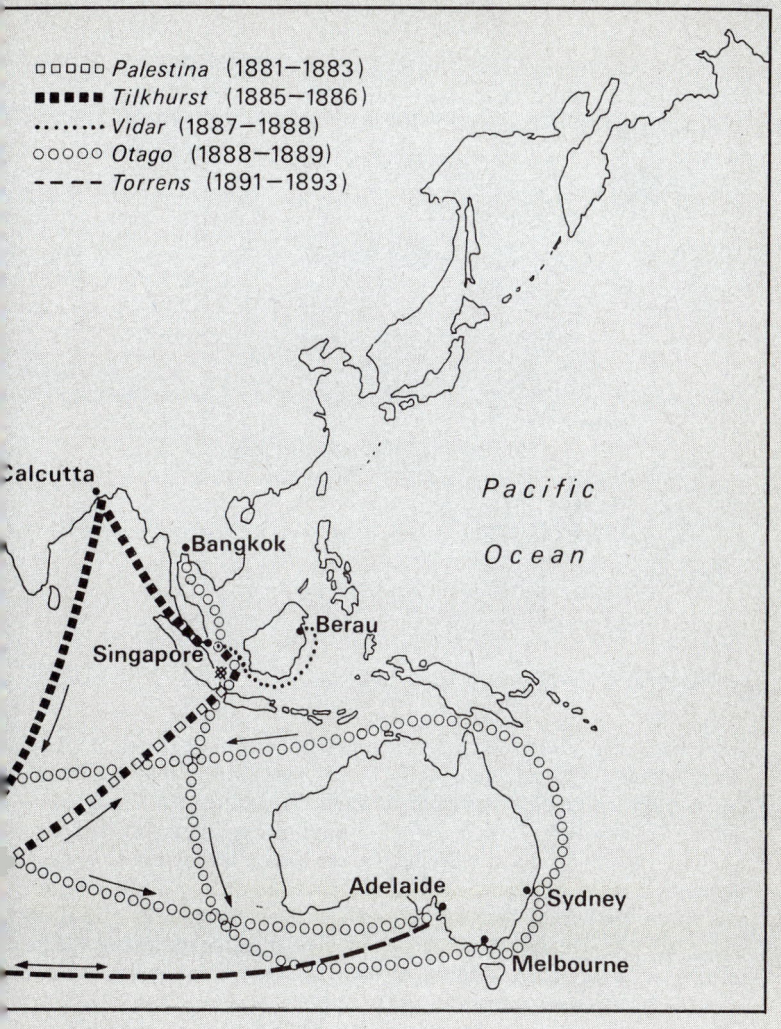

Conrads Seereisen, 1881–93

sein Gesprächspartner sie von ihm erwartete. An seiner konservativen Gesinnung ließ Conrad auch später nie einen Zweifel, aber es wäre falsch, ihn in seinem politischen Urteilsvermögen auf die extreme Position festzulegen, die er Kliszczewski gegenüber einnimmt.

Im August 1886 erhielt Conrad auf seinen Antrag hin die britische Staatsbürgerschaft, und drei Monate später bestand er die Prüfung, die ihn zum Kapitän in der britischen Handelsmarine qualifizierte. Zwölf

Conrads Kapitänspatent

Jahre nach dem Verlassen seiner Heimat hatte er ein Ziel erreicht, über das er später mit Genugtuung notierte: *Ich hatte mich in einer Sache behauptet, die als stupide Verranntheit oder als phantastische Laune verschrien worden war.*[53] Doch bevor er ein eigenes Kommando erhielt, mußte er nochmals mit der Stellung eines Ersten Steuermanns vorlieb nehmen. Auf einer Reise von Amsterdam nach Samarang auf Java zog er sich durch eine herabfallende Spiere eine Rückenverletzung zu, so daß er sich in ein Spital in Singapur begeben mußte. Er wurde nach kurzer Zeit wieder entlassen, kehrte aber nicht – wie nach der Reise auf der «Palestine» – nach Europa zurück.

Fast scheint es, als habe er nach stürmischen Fahrten auf großen Segelschiffen Erholung gesucht, denn die Stellung, die er jetzt annahm, ist mit seiner bisherigen Tätigkeit kaum vergleichbar: er heuerte als Erster Offizier auf der «Vidar» an, einem kleinen Zweihundert-Tonnen-Dampfer, der im malaiischen Archipel auf einer festen Route zwischen Singapur, Borneo und Celebes auf und ab fuhr. Das Schiff gehörte einem arabischen Kaufmann und lief auf seinen regelmäßigen Fahrten auch kleinste, flußaufwärts gelegene Handelsstationen an. Wiederum wissen wir so gut wie nichts über die tatsächlichen Erfahrungen, die Conrad in den knapp fünf Monaten an Bord der «Vidar» und während seiner wahrscheinlich zu-

Die «Otago», Conrads erstes Kommando

meist kurzen Landaufenthalte gemacht hat, doch daß diese zweite Begegnung mit dem Osten seine Phantasie beflügelt und ihn zum Erzählen gedrängt hat, ist offensichtlich. Im malaiischen Archipel entdeckte Conrad wenige Jahre später das erste ihm gemäße schriftstellerische Terrain: nicht nur zahlreiche seiner kurzen Erzählungen, sondern gleich drei seiner frühen Romane, *Almayers Wahn* (*Almayer's Folly*), *Der Verbannte der Inseln* (*An Outcast of the Islands*) und große Teile von *Lord Jim* sowie ebenfalls der schon früh begonnene, aber erst gegen Ende seines Lebens fertiggestellte Roman *Die Rettung* (*The Rescue*) sind hier angesiedelt. Im Sommer des Jahres 1887 deutet freilich noch nichts darauf hin, daß der Steuermann des kleinen Küstendampfers sich des künftigen literarischen Wertes seiner Fahrten bewußt war. In den Briefen an Bobrowski hat er anscheinend vor allem von seinem Gesundheitszustand und von finanziellen Sorgen berichtet.

Warum er sich entschied, schon nach weniger als einem halben Jahr das angenehme und leichte Leben auf der «Vidar» wieder aufzugeben, ist unklar. Fast 30 Jahre später schrieb er in der Erzählung *Die Schattenlinie* (*The Shadow-Line*): *Es war in einem Hafen des Ostens. Und es war ein Schiff des Ostens, insofern, als es dort beheimatet war. Auf einer blauen, von Riffs starrenden See legte es seine Reisen zwischen unbekannten Inseln zurück... Was die Fahrt betraf, in der es eingesetzt war, und den Charakter meiner Bordkameraden, so hätte ich nicht glücklicher sein können, wenn mir ein wohlwollender Zauberer Leben und Menschen nach meiner Anweisung beschert hätte. Und dies alles gab ich plötzlich auf... Am Tage vorher war alles noch in schönster Ordnung, und am nächsten Tage war alles fort – der Reiz des Lebens, seine Würze, das Interesse, die Zufriedenheit – alles.*[54] Hatte Conrad Angst, sich zu verlieren und ein ähnliches Schicksal zu erleiden wie manche der gestrandeten Europäer, denen er auf seinen Handelsfahrten oder im Hafen von Singapur begegnet sein muß? Oder dachte er – jetzt 30 Jahre alt – an seine weitere berufliche Karriere? Fest steht, daß er die erste sich ihm bietende Gelegenheit, ein Kommando über ein Segelschiff zu erhalten, sogleich ergriff. Während er in Singapur auf eine Passage nach Europa wartete, wurde ihm vom Hafenkapitän angetragen, die in Bangkok liegende Bark «Otago» zu übernehmen und für ein Monatsgehalt von £ 14 nach Melbourne zu führen. Der Kapitän der «Otago» war auf See gestorben. Conrad reiste noch am selben Tag auf einem Dampfschiff aus Singapur ab und trat seine neue Aufgabe am 24. Januar 1888 an.

Als ich... den Fuß zum erstenmal auf das Deck meines Schiffes setzte, hatte ich das Gefühl tiefster physischer Befriedigung. Nichts konnte der Fülle dieses Augenblicks gleichen, der idealen Vollkommenheit dieses seelischen Erlebnisses, heißt es in *Die Schattenlinie*, der Conrads erste Reise auf der «Otago» zugrunde liegt.[55] Das kleine Dreihundertfünfundvierzig-Tonnen-Schiff mit einer Besatzung von neun Mann – neben dem Kapitän zwei Offiziere und sechs Matrosen – brauchte für die 800 Seemeilen von Bangkok nach Singapur drei Wochen; es wurde durch Flauten aufgehalten, die Mannschaft war durch Krankheit geschwächt. Aber der junge Kapitän muß einiges Zutrauen zu seinen navigatorischen Fähigkeiten besessen haben, auch wenn ihm gerade dieses Gebiet Schwierigkeiten in seiner Prüfung zum Ersten Offizier bereitet hatte. Für die Fahrt von Sydney nach Port Louis auf Mauritius wählte er die gefährlichere nördlichere Route durch die Torres-Straße; später sagte er, *ein tief in ihm verwurzeltes historisches Bewußtsein von den Erkundungsabenteuern im Pazifik* und die Erinnerung an berühmte Kapitäne der Vergangenheit hätten seine Wahl bestimmt.[56]

Aus der Zeit in Port Louis liegen zwei interessante Dokumente über Conrad vor. Wie es scheint, verliebte er sich in den zwei Monaten, die sein Schiff der neuen Ladung wegen im Hafen blieb, in die Tochter eines dort tätigen Kolonialbeamten, hielt um ihre Hand an, mußte aber erfahren, daß sie bereits verlobt war. In der Familie des Mädchens ist ein Blatt aus einem offenbar schon damals beliebten Frage- und Antwort-Spiel erhalten, mit dem sich die jungen Leute auf Gesellschaften die Zeit vertrieben. Einige Antworten Conrads seien zitiert:

«Welches ist Ihr wichtigster Charakterzug?» *Faulheit.* «Auf welche

Um 1890

Weise suchen Sie zu gefallen?» *Indem ich mich rar mache.* «Welcher Name läßt Ihr Herz schlagen?» *Bereit, bei jedem Namen zu schlagen.* «Was wäre Ihr Traum vom Glück?» *Träume nie davon, möchte die Wirklichkeit.* «Was ist Ihr liebster Zeitvertreib?» *Illusionen nachzujagen.* «Beschreiben Sie Ihren gegenwärtigen Seelenzustand.» *Gelassen.* «Was lehnen Sie am meisten ab?» *Falsches Gehabe.* «Glauben Sie, daß Sie geliebt werden?» *Lehne eine Antwort ab.*[57]

Joseph Conrads gewandte Umgangsformen, seine Gabe zu plaudern und eine Gesellschaft zu unterhalten, Eigenschaften, die ihn deutlich von manchen anderen Kapitänen unterschieden, machten ihn zu einem gern gesehenen Gast in der kleinen Kolonie. Dem damaligen Charterer der «Otago» verdanken wir ein ausführliches Porträt Conrads aus dieser Zeit: «Er war etwas kleiner als der Durchschnitt, hatte kräftige, sehr bewegliche Gesichtszüge, die sehr schnell von Sanftmut zu einer an Zorn grenzenden Erregbarkeit wechseln konnten, große, schwarze Augen, die gewöhnlich sanft und melancholisch-träumerisch blickten, außer in den Augenblicken, wenn er ärgerlich war; ein energisches Kinn, einen schön geformten, hübschen Mund, einen dichten, gut gestutzten dunkelbraunen Schnurrbart... Anders als seine Kollegen war Kapitän Korzeniowski immer wie ein Dandy gekleidet. Ich sehe ihn noch heute... in einem schwarzen oder dunklen Jackett, einer gewöhnlich helleren Weste und teuren Hosen, alles gut geschnitten und sehr modisch, einen schwarzen oder grauen Bowler-Hut, den er etwas schräg trug, auf dem Kopf. Er hatte immer Handschuhe an und trug einen Spazierstock mit einem goldenen Knauf... Den anderen Kapitänen gegenüber verhielt er sich äußerst förmlich, üblicherweise blieb es bei einem kurzen Gruß.» Seiner eleganten Aufmachung und seinem distanziert-höflichen Betragen verdankte Conrad den Spitznamen «der russische Graf».[58]

Obwohl ihn seine Stellung als Kapitän eines Segelschiffs mit einiger Befriedigung erfüllt haben muß und die Eigner der «Otago» ihm gute Leistungen bescheinigten, gab Conrad sein Kommando schon bald nach der Rückkehr nach Australien wieder auf, vierzehn Monate, nachdem er das Schiff in Bangkok übernommen hatte. Vielleicht war es die in Port Louis erlittene Enttäuschung, vielleicht der Wunsch, den Onkel in Polen zu besuchen, möglicherweise aber auch ein allgemeiner Verdruß über seine Lebensumstände als Seemann, der ihn zu diesem Schritt veranlaßte. Auf dem deutschen Dampfer «Nürnberg» traf er am 14. Mai 1889 von Port Adelaide kommend als Passagier in Southampton ein. Wenige Monate später begann er mit der Arbeit an seinem ersten Roman.

Vom Seemann zum Schriftsteller

Ehe ich damit begann, [Almayers Wahn] zu schreiben, hatte ich nichts als Briefe geschrieben, und nicht einmal besonders viele. In meinem ganzen Leben habe ich mir nie eine Tatsache, einen Eindruck, eine Anekdote notiert. Als ich mich zum Schreiben hinsetzte, lag mir der Gedanke an ein geplantes Buch völlig fern...[59] Wie hier, so möchte Conrad uns auch an anderen Stellen seiner Erinnerungen davon überzeugen, daß er den *Sprung* in ein *Leben als Schriftsteller*[60] mehr oder minder zufällig, aus einer Laune heraus und jedenfalls nicht in der Absicht getan habe, seine Laufbahn als Schiffsoffizier zu beenden und durch eine schriftstellerische Tätigkeit zu ersetzen.

In der Tat gab er seinen Beruf nicht plötzlich auf. Das Manuskript seines ersten Romans wuchs nur langsam und begleitete ihn auf mehreren Reisen zu Land und zur See; erst fünf Jahre nach dem Tag, *da ich in der Schlichtheit meiner Seele und der staunenswerten Einfalt meines Gemütes jene erste Seite geschrieben hatte*[61], wie es in *Über mich selbst* heißt, konnte Conrad einer Freundin das Ende seiner Arbeit melden: *Mit Trauer und Schmerz muß ich Sie über den heute morgen um drei Uhr eingetretenen Tod von Herrn Kaspar Almayer informieren. Es ist vorbei! Ein Kratzen der Feder, die das letzte Wort schreibt, und plötzlich wird die ganze Gesellschaft von Menschen, die mir ins Ohr gesprochen, vor meinen Augen gestikuliert, so viele Jahre lang mit mir zusammen gelebt haben, zu einer Menge von Phantomen, die sich entfernen, verschwinden, sich auflösen...*[62] War ihm *Almayers Wahn* am Anfang wie *eine Ferienarbeit* erschienen, zu der ihn der *Müßiggang* eines längeren Landaufenthalts *verführte*, so bestand jetzt kein Zweifel mehr, daß er sich voller Intensität und mit aller verfügbaren Kraft auf seine neue Aufgabe eingelassen hatte. *Es tut mir um jede Minute leid, die ich vom Papier entfernt verbringe*, sagte er kurz vor Abschluß des Manuskripts; sein Ringen mit dem Stoff erschien ihm wie *ein Kampf zum Tode*, und schließlich klagte er: *Wenn ich aufgebe, bin ich verloren!*[63] Noch bevor er einen Verleger für *Almayers Wahn* gefunden hatte, nahm er die Arbeit an einem neuen Roman auf.

Wir kennen die Motive nicht, die Conrad zum Schreiben veranlaßt haben, noch wissen wir, warum der Wunsch, *in gewissenhaft gesetzten Worten das Andenken an weit entfernte Dinge und an Menschen aufzuzeich-*

*nen, die gelebt haben*⁶⁴, erst jetzt von ihm Besitz ergriff, im Alter von 32 Jahren und mitten in einer erfolgreichen beruflichen Laufbahn. Im Grunde bleibt sein *Sprung* in eine schriftstellerische Existenz, die ihn wenig später zu höchsten künstlerischen Leistungen führte, rätselhaft. Denn obwohl wir seine Reisen genauestens verfolgen können, über die Tonnage seiner Schiffe, deren Besatzungen und Ladungen bis in Einzelheiten informiert sind, liegen die Jahre, die Conrad auf See verbracht hat, wie hinter einem Schleier verborgen. Man hat ihn einen «sea dreamer», einen «Träumer des Meeres» genannt – doch war er das wirklich? Hat er die Stürme und Flauten, die Arbeit an Deck und in der Takelage, die fremden Häfen und Menschen schon als Seemann so erlebt, wie er sie später beschrieben hat? Er selbst hat diese Frage verneint. Ein enger Freund berichtet, daß «all jene Bilder der Natur unbewußt in seinem Gedächtnis lagerten; lebendig wurden sie erst, als er zur Feder griff»⁶⁵. Bisweilen konnte er sich bitter über die Zeit beklagen, die er auf See verbracht hatte, denn sie habe ihm Erfahrungen vorenthalten, die für andere Autoren selbstverständlich waren. Brauchte seine Begabung vielleicht einfach eine längere Reifezeit, um zum Ausdruck zu kommen? Angesichts des väterlichen Erbes und der vom Umgang mit Literatur bestimmten Kindheit könnte man vermuten, daß sich seine künstlerischen Neigungen in einer anderen Umgebung als jener der Seefahrt vielleicht früher entfaltet hätten; gesucht hat er solche Umgebung jedoch nicht. Sicher ist, daß er viel gelesen hat und für literarische Eindrücke äußerst empfänglich war. Diesen Rückschluß jedenfalls legen die zahlreichen, zum Teil wörtlichen Anklänge an die Werke anderer Autoren nahe, die sich in seinen Erzählungen und Romanen finden.

Während Conrad über den Ursprung seiner schriftstellerischen Interessen wenig Worte verlor – offenbar schienen sie ihm keiner weiteren Erklärung zu bedürfen –, wurde er nicht müde, zu beteuern, daß die Sprache, in der er schreiben würde, von vornherein festgestanden habe: *Die englische Sprache konnte von mir weder gewählt noch adoptiert werden*, sagte er in *Über mich selbst*. *Daß es da eine Wahl geben könnte – dieser Gedanke ist mir nie gekommen; und was die Adoption angeht – nun ja, eine Adoption hat stattgefunden, doch war ich es, den der Genius der Sprache adoptierte, jener Sprache, die mich, da ich kaum dem Alter des Stammelns entwachsen war, so vollständig zu der ihren machte, daß ihre Eigentümlichkeiten, wie ich fest glaube, unmittelbar auf mein Naturell einwirkten und meinen noch formbaren Charakter bildeten ... Man möge mir Glauben schenken, wenn ich sage, daß ich, wo nicht in englischer Sprache, dann überhaupt nicht geschrieben hätte.*⁶⁶

Ohne Frage übertreibt Conrad. Wenn er sich tatsächlich spontan und ohne weitere Überlegung für das Englische und damit sowohl gegen seine polnische Muttersprache als auch gegen das Französische, in dem er *von Kindheit an daheim*⁶⁷ war, entschieden hat, dann dürfte ein wesentlicher

Grund in der Stoffwelt gelegen haben, aus der er seine frühen Romane schöpfte – es war der Erfahrungsbereich, den er in den Jahren zur See kennengelernt hatte. Als Offizier der britischen Handelsmarine aber dachte und fühlte er sicherlich überwiegend in der englischen Sprache. Daß ihm das Französische auch noch zu dieser Zeit nicht minder geläufig war, beweist sein Briefwechsel mit Marguerite Poradowska, einer in Belgien lebenden entfernten Verwandten, den er kurz nach Beginn der Arbeit an *Almayers Wahn* aufnahm. Wie es scheint, bereitete es ihm keinerlei Schwierigkeit, von der einen in die andere Sprache zu wechseln. Auch des Polnischen blieb er bis zum Ende seines Lebens mächtig.

Was immer den Ausschlag bei Conrads Entscheidung für die englische Sprache gegeben hat, das eigentlich Erstaunliche bleiben die Leistungen, die er in dieser Sprache vollbrachte. Zwar besaß er die britische Staatsangehörigkeit, aber er hatte sich in England kaum eingebürgert und pflegte so gut wie gar keinen gesellschaftlichen Kontakt. Schon die gehobene Umgangssprache war ihm allein aus der Literatur vertraut; der Klang vieler Wörter war ihm fremd, und die Aussprache des Englischen bereitete ihm noch nach Jahren große Schwierigkeiten – fast alle Besucher waren überrascht von seinem starken polnischen Akzent. Seinen Büchern aber ist all dies nicht anzumerken. Sie gehören so selbstverständlich zur englischen Literatur, als sei ihr Verfasser mit der englischen Sprache aufgewachsen. Er beherrschte sie und verfügte über sie mit größter Souveränität, auch wenn er gelegentlich klagte, daß sie ihn *ungeheure Anstrengungen* koste und er *wie ein Minenarbeiter im Kohlenbergwerk arbeiten* müsse, um seine *englischen Sätze aus schwarzer Nacht ans Tageslicht zu fördern.*[68]

Der Abschnitt, den Beginn und Ende der Arbeit an *Almayers Wahn* markieren, bildet eine Übergangszeit in Conrads Leben. Er löste sich allmählich aus seinem Beruf, ließ sich in England nieder und gewann neue Freunde. Die tiefsten Spuren aber hinterließ eine Reise nach Afrika, die er im Dienst der Société Anonyme Belge pour le Commerce du Haut-Congo unternahm.

Auf der Suche nach einer Stelle als Kapitän hatte Conrad im Winter 1889 erste Kontakte zu der belgischen Handelsfirma geknüpft. Ob es die Knappheit an Arbeitsmöglichkeiten auf britischen Schiffen war, die ihn zu diesem Schritt veranlaßte, oder der Wunsch nach neuen Eindrücken, vielleicht auch die Erinnerung an seine jugendlichen Träume im Geographieunterricht, Conrad nahm das Angebot an, einen der Flußdampfer der Handelskompanie auf dem Kongo zu führen. Vorher stattete er seinem Onkel einen schon lange geplanten Besuch ab. Zwei Monate hielt er sich in Polen auf, zum erstenmal seit sechzehn Jahren. Erstaunlicherweise hat die Reise weder in seinen Briefen noch in seinen Erinnerungen ein größeres Echo gefunden, so daß wir nicht wissen, wie Conrad nach so langer Abwesenheit auf die Wiederbegegnung mit seiner Heimat rea-

41

gierte. Berichten von Verwandten zufolge war sein Interesse an allem lokalen Geschehen gering, und es mag sein, daß er in Gedanken schon mit dem bevorstehenden Kongo-Abenteuer beschäftigt war. Dieses nahm ihn ab April 1890 ganz gefangen.

Joseph Conrad verbrachte knapp acht Monate in Afrika. Sein Urteil über seine Dienstherren und die Aktivitäten der weißen Händler und Agenten, deren Zeuge er wurde, hätte nicht kritischer ausfallen können: er bezichtigte sie der *widerlichsten Jagd nach Beute, die je die Geschichte des menschlichen Gewissens und geographischer Forschungstätigkeit verunstaltet hat*[69]. Die Macht im «Unabhängigen Kongostaat» lag in den Händen des belgischen Königs Leopold II., der nach der Konferenz der europäischen Kolonialstaaten in Berlin im Winter 1884/85 «im Namen des Fortschritts und der Zivilisation» in dem ca. 1,5 Millionen Quadratmeter großen Gebiet ein überaus hartes, auf wirtschaftliche Ausbeutung bedachtes Regime errichtet hatte. Es beruhte auf Zwangsarbeit und Sklaverei und stützte sich dabei vor allem auf konzessionierte Handelsgesellschaften wie jene, bei der Conrad angestellt war, einem halb staatlichen, halb privaten Unternehmen, das erst im Jahre 1888 gegründet worden war. Als Conrad sich in Brüssel um eine Stelle als Kapitän bemühte, kann er von den wahren Interessen seiner Arbeitgeber nicht viel gewußt haben; vielleicht sah er sich selbst als einen Mann, der, in den Worten Leopolds, helfen wollte, «den einzigen Teil der Erde der Zivilisation zu erschließen, in den das Christentum noch nicht vorgedrungen war»[70]. Zunächst glaubte er jedenfalls, daß das von ihm zu übernehmende Schiff an einer Forschungsexpedition teilnehmen würde, und *freute* sich *auf diese Aussicht*[71]. Aber er verlor schon bald alle Illusionen.

Da uns neben der Erzählung *Herz der Finsternis*, in der sich der Autor verhältnismäßig eng an seine eigenen Erlebnisse hält, zahlreiche Briefe und darüber hinaus ein Tagebuch (das einzige Dokument dieser Art) aus den ersten Monaten des Kongo-Aufenthalts vorliegen, können wir – anders als bei früheren Reisen – Conrads Beobachtungen, seine Stimmungen und Empfindungen recht genau verfolgen. Das Tagebuch, in englischer Sprache abgefaßt, gibt Auskunft insbesondere über den fast 400 Kilometer langen, strapaziösen Fußmarsch, den er nach seiner Ankunft zusammen mit einem Belgier und einer Karawane von 31 Trägern von Matadi nach Kinshasa zurücklegen mußte. Eine der frühesten Eintragungen lautet: *Habe erhebliche Zweifel über meine Zukunft. Glaube, daß mein Leben unter den Leuten hier (den weißen) nicht sehr angenehm sein kann. Werde Bekanntschaften nach Möglichkeit vermeiden... Hervorstechendes Merkmal des gesellschaftlichen Umgangs hier: die Leute reden schlecht voneinander.* Unter dem Datum des 3. Juli heißt es: *Trafen einen Staatsbeamten, der die Gegend inspizierte. Sahen wenige Minuten später auf einem Lagerplatz die Leiche eines Backongo. Erschossen? Scheußlicher Gestank... Farbton der Landschaft im allgemeinen grau-gelb*

To day's march.
direction NNE½N. distce 13 miles

[sketch of hills with "camp" on left and "Luvence(?)" on right]

Saw another dead body lying by the path in an attitude of meditative repose. —
In the evening 3 women of which one albino passed our camp. Horrid chalky white with pink blotches. Red eyes. Red hair. Features very negroid and ugly. — Mosquitos. Alright when the moon rose heard shouts and drumming in distant villages. Passed a bad night.

trockenes Gras) mit rötlichen Flecken (Erde) und dazwischen spärlich verstreut dunkelgrüne Vegetation... Sah Palma Christi – Ölpalme. Sehr gerade, hohe und dicke Bäume an einigen Stellen. Namen kenne ich nicht. Am nächsten Tag notierte er: *Um sechs Uhr morgens nach sehr unangenehmer Nacht aufgebrochen. Über eine Hügelkette und dann durch ein Gewirr von Hügeln marschiert... Sahen wieder eine Leiche am Wegrand, in einer Haltung meditativer Ruhe. Abends kamen drei Frauen an unserem Lager vorbei, eine von ihnen ein Albino; schreckliches kreidiges Weiß mit rosa Flecken. Rote Augen. Rotes Haar. Sehr negroide, häßliche Gesichtszüge. Mosquitos. Hörte nachts, als der Mond aufging, Rufe und Trommeln in weit entfernten Dörfern. Verbrachte eine schlechte Nacht.* Am 20. Juli hielt er eine weitere makabre Beobachtung fest: *Heute unterwegs an einem Skelett vorbeigekommen, das an einen Pfahl gebunden war. Auch am Grab eines Weißen – kein Name – ein Haufen Steine in Form eines Kreuzes.*[72]

Am 2. August traf die Karawane in Kinshasa ein. Da das ihm zugedachte Schiff beschädigt war, erhielt Conrad kein eigenes Kommando, sondern wurde auf dem kleinen Fünfzehn-Tonnen-Dampfer «Roi de Belges» flußaufwärts in das ungefähr 1000 Meilen entfernte Stanley Falls mitgenommen, *damit er etwas über den Fluß lernte*[73]. Sein Tagebuch beschränkt sich von jetzt ab auf navigatorische Erinnerungshilfen, die indessen nur für kurze Zeit auf der Rückfahrt nutzen konnte, als ihm wegen einer Krankheit des Kapitäns die Führung des Dampfers übertragen wurde. An Bord befand sich auch der todkranke junge Agent der Gesellschaft in Stanley Falls, George Antoine Klein, der unterwegs verstarb – der Tod des Agenten Kurtz in *Herz der Finsternis,* eine der eindrucksvollsten Episoden in der Erzählung, basiert auf diesem Ereignis.

Bald nach der Rückkehr nach Kinshasa gegen Ende September zog Conrad eine vorläufige Bilanz seiner Erfahrungen: *Ich bedaure ausdrücklich, hierher gekommen zu sein... Ich finde hier alles unangenehm. Die Menschen und die Dinge, aber besonders die Menschen. Und auch ich bin ihnen unangenehm. Vom Direktor in Afrika, der sich die Mühe gemacht hat, einer Menge von Leuten zu erzählen, wie wenig er mich schätzt, bis zum untersten Mechaniker, alle haben die Gabe, mir auf die Nerven zu gehen; folglich bin ich weniger nett zu ihnen, als ich es sein könnte. Der Direktor ist ein gemeiner Elfenbeinhändler mit niedrigen Instinkten, der sich für einen Kaufmann hält, aber in Wahrheit nur eine Art afrikanischer Krämer ist... Während er hier ist, habe ich keine Aussicht, befördert zu werden oder ein besseres Gehalt zu bekommen... Wie dem auch sei, ich kann nichts erwarten, da ich kein Schiff habe, das ich führen könnte. Das neue Schiff wird vielleicht im Juni nächsten Jahres fertig sein... Zu allem Überfluß ist meine Gesundheit stark angeschlagen... Ich habe in zwei Monaten viermal das Fieber gehabt und dann, an den* [Stanley-]*Fällen... fünf Tage lang die Ruhr. Ich fühle mich physisch ziemlich schwach und bin*

Der Dampfer «Roi de Belges»

etwas entmutigt, und, bei meinem Wort, ich glaube, ich habe Heimweh nach der See. Aber er war nicht ohne Hoffnung. Am Schluß des zitierten Briefes heißt es: *In einer Stunde breche ich im Kanu nach Bamou* (ca. 50 Kilometer westlich von Kinshasa) *auf, um Bauholz für die hiesige Station auszusuchen und zu fällen. Ich werde 2–3 Wochen im Wald bleiben, es sei denn, ich werde krank. Ich freue mich darauf. Ich kann bestimmt gelegentlich Büffel und Elefanten schießen.*[74] Sein Gesundheitszustand muß sich bald darauf erheblich verschlechtert haben, denn nach einer weiteren Expedition in die nähere Umgebung von Kinshasa kehrte er vorzeitig nach Europa zurück. Anfang Februar war er bereits wieder in London.

Joseph Conrad hat seine Kritik an den Verhältnissen im Kongo am schärfsten in der 1899 veröffentlichten Erzählung *Herz der Finsternis* for-

Verhaftete Eingeborenenfrauen im Kongo, um 1900

muliert. Zwar ist deren fiktiver Erzähler Marlow nicht ohne weiteres mit der Person des Autors gleichzusetzen, aber die von ihm vertretenen Ansichten dürften jenen Conrads im wesentlichen entsprechen. Über die Mitglieder einer Expedition sagt Marlow: *Den Eingeweiden des Landes Schätze zu entreißen, das war ihr Verlangen, und dabei schienen diese Menschen von keiner hochsinnigeren Absicht geleitet zu werden als Banditen beim Aufbrechen eines Geldschranks.*[75] An anderer Stelle heißt es: *Das Wort «Elfenbein» scholl durch die Luft, wurde geflüstert, wurde geseufzt. Man hätte meinen können, sie beteten es an. Der Pesthauch aberwitziger Raubgier schien das alles wie Aasgeruch zu durchdringen. Bei Gott! Ich hatte nie etwas so Unwirkliches in meinem Leben gesehen.*[76] Die fatale Wirkung der von den Weißen betriebenen Ausbeutung der schwarzen Bevölkerung ist ein durchgängiges Motiv der Erzählung.

Die folgende Passage geht wahrscheinlich auf Beobachtungen Conrads kurz nach der Ankunft in Matadi zurück; sie schildert die Arbeit der Eingeborenen an der damals im Bau befindlichen Eisenbahnlinie nach Kin-

75 = (HDF 71)   76 = (HDF 53)

shasa: *Ein leises Klirren hinter mir ließ mich den Kopf wenden. Sechs Schwarze mühten sich in einer Reihe den Pfad herauf. Sie schritten aufrecht und langsam einher, balancierten kleine Körbe voll Erde auf den Köpfen, und das Klirren hielt Takt mit ihrem Schritt. Schwarze Lappen waren um ihre Lenden gewickelt, und die hinteren Zipfel bewegten sich wie wackelnde Schwänze. Ich konnte alle ihre Rippen zählen; die Gelenke ihrer Gliedmaßen waren wie Knoten in einem Seil; jeder hatte einen eisernen Ring um den Hals, und sie waren alle durch eine Kette miteinander verbunden, die zwischen ihnen, rhythmisch klirrend, hin und her schwang... Sie wurden Verbrecher genannt, und das beleidigte Gesetz war... als ein unlösbares Rätsel vom Meer über sie hereingebrochen. Ihre mageren Brustkörbe keuchten, die wild geblähten Nüstern bebten, die Augen starrten steinern den Hügel hinan. Sie schritten im Abstand von kaum sechs Zoll an mir vorüber, ohne mir einen Blick zuzuwerfen, mit dieser vollkommenen, totenähnlichen Gleichgültigkeit unglücklicher Wilder. Hinter diesem Menschenmaterial schlenderte einer der Bekehrten, das Produkt der neuen Kräfte, die hier am Werk waren, verdrossen einher und hielt ein Gewehr in der Mitte umfaßt. Er trug einen Uniformrock, an dem ein Knopf fehlte, und als er einen Weißen auf dem Pfad erblickte, schulterte er dienstfertig das Gewehr. Das geschah einfach aus Klugheit, denn die Weißen sahen einander auf größere Entfernung so ähnlich, daß er nicht zu sagen vermocht hätte, wer ich wohl sei. Geschwind hatte er sich vergewissert, daß ich ihm nichts antun würde, und schien mich mit einem breiten, zähneblitzenden, schurkischen Grinsen und einem Seitenblick auf seine Schutzbefohlenen zum Partner in seiner erhabenen Pflegschaft machen zu wollen. Nach allem hatte ich doch ebenfalls teil am großen Endzweck dieses hoheitsvollen und gerechten Beginnens.*[77] (HDF 34, 35)

Joseph Conrad hat seinen Aufenthalt im Kongo als ein einschneidendes Erlebnis gewertet. Zu seinem Freund Edward Garnett sagte er Jahre später, vorher habe er *keinen Gedanken im Kopf gehabt... Ich war eine reine Bestie.*[78] Seine Beobachtungen können seinen allgemeinen Pessimismus nur verstärkt und ihn in seiner Verachtung aller Handlungsweisen, die allein von materiellen Interessen bestimmt sind, bestätigt haben. Vor allem aber hatten die Monate in Afrika schwerwiegende gesundheitliche Folgen. Nach seiner Rückkehr litt Conrad immer wieder an Gichtanfällen, die ihn oft tagelang ans Bett fesselten, er klagte über neuralgische Schmerzen, und sein psychischer Zustand war – und blieb – labil. Zdzisław Najder glaubt, in Conrads Krankheitsgeschichte nach dem Kongo-Aufenthalt die typischen Symptome einer pathologischen Depression zu erkennen; feststeht, daß der Ton seiner Briefe deutlich düsterer wird. Wir sehen dies insbesondere an der Korrespondenz mit Marguerite Poradowska, die eine außerordentlich wichtige Quelle für diesen Lebensabschnitt bildet.

Joseph Conrad hatte Mme. Poradowska noch vor seiner Abreise in den

Marguerite Poradowska, 1895

Kongo kennengelernt. Sie war die Frau eines Verwandten der Bobrowskis, der nach dem polnischen Aufstand von 1863 nach Brüssel emigriert war. Conrad war ihr zum erstenmal im Januar 1890 kurz vor dem Tod ihres Ehemanns begegnet, und bald darauf entspann sich ein lebhafter Briefwechsel zwischen den beiden. Marguerite Poradowska war neun Jahre älter als er, französischer Herkunft und offenbar eine kluge und attraktive Frau. Conrad bewunderte sie nicht zuletzt wegen ihrer literarischen Begabung. Sie hatte einen Roman und Prosaskizzen über Polen veröffentlicht; ihre Arbeiten erschienen in angesehenen französischen Zeitschriften. Conrads Verhältnis zu ihr in den ersten fünf Jahren ihrer Bekanntschaft – um 1895 brach der Briefwechsel plötzlich ab und wurde erst im Jahre 1900 wieder aufgenommen – enthält ohne Frage ein erotisches Element; zuweilen flirtete er offen mit ihr und mag zeitweilig sogar an eine ernsthafte Bindung gedacht haben. Sein Onkel bezeichnete Marguerite als «eine verbrauchte Frau» und riet ihm, «von diesem Spiel zu lassen, das zu keinem vernünftigen Ende führen kann»; an anderer Stelle bemerkte er: «Sie ist so romantisch wie ein Mädchen von sechzehn Jahren.»[79]

Wie es scheint bekundete Conrad, der angehende Schriftsteller, seine Verehrung vorwiegend auf brieflichem Wege, denn er ließ es nur zu wenigen Begegnungen kommen und hielt die Zeiten seiner Besuche in Brüssel und später in Paris möglichst kurz. In seinen Briefen aber vertraute er sich seiner *lieben kleinen Tante,* wie er Marguerite gewöhnlich nannte, gern an. Er erklärte ihr, daß sie seinem Leben *ein neues Interesse, neue Zuneigung gegeben* habe und daß er ihr *dankbar* sei *für all die Süße, für all die Bitterkeit dieses kostbaren Geschenks.*[80] Dann klagte er: *Wann werden wir uns wiedersehen? Ach, eine Begegnung führt zum Abschied – und je öfter man sich trifft, desto schmerzhafter wird die Trennung. Ein Verhängnis.*[81] Seine Briefe sind nicht frei von einer gewissen Koketterie, die sich bisweilen auch in allgemeinen Betrachtungen äußert: *Man zweifelt an der Zukunft. Denn in der Tat – frage ich mich –, warum sollte man an sie glauben? Und auch, warum sollte man darüber traurig sein? Ein wenig Illusion, viele Träume, ein seltener Glücksstrahl und dann die Desillusionierung, ein wenig Ärger und viel Leiden und dann das Ende. Frieden! Das ist das Programm, und wir müssen dieser Tragikomödie bis zum Ende beiwohnen. Man muß seine Rolle in ihr spielen.*[82]

Mme. Poradowska hatte Conrad bei seiner Suche nach einer Stelle im Kongo geholfen, und er hielt sie auch in der Folgezeit über seine verschiedenen beruflichen Projekte auf dem laufenden. Über seine Arbeit an *Almayers Wahn,* die er langsam vorantrieb – *eher Zeile um Zeile als Seite um Seite*[83], wie er später sagte –, schrieb er zunächst allerdings nichts. Wohl aber berichtete er über die ihn plagenden Krankheiten: *Krank im Bett, im Krankenhaus. Rheumatismus im linken Bein und Neuralgien im rechten Arm,* teilte er ihr im Februar 1891 mit[84]; am 12. März hieß es: *Noch immer im Bett. Beine in schlechter Verfassung, der Magen auch.*[85] Ende März durfte er das Krankenhaus verlassen, doch seine Klagen rissen nicht ab. *Ich sehe alles mit größter Entmutigung – alles in Schwarz. Meine Nerven sind ganz und gar zerrüttet,* schrieb er Mitte April[86], ähnlich heißt es einen Monat später: *Was mich angeht, so bin ich noch immer in tiefster Nacht untergetaucht, und meine Träume sind nichts als Alpträume.*[87] Während einer Badekur in Champel-les-Bains in der Nähe von Genf besserte sich sein Zustand kurzfristig, so daß er sich erneut dem Manuskript von *Almayers Wahn* widmen konnte – im Mai 1891 begann er das achte Kapitel. Doch er fiel alsbald in depressive Stimmungen und einen tiefen Pessimismus zurück. Auch als er im November endlich eine neue Heuer fand und sich als Erster Offizier auf dem Segelklipper «Torrens» – einem wegen seiner Schnelligkeit und seiner eleganten Linien berühmten Passagierschiff – nach Australien einschiffte, blieb er verzagt und klagte über *eine Art geistige Apathie,* die ihn niederdrückte.[88] Noch während der zweiten Reise auf der «Torrens» fühlte er sich gelähmt durch *das einheitliche Grau* seiner *Existenz*[89], das sich auch in Zukunft nicht lichten werde.

Ohne Frage befand sich Conrad in einer langanhaltenden psychischen

Conrad mit Schiffsjungen an Bord der «Torrens»

Krise. Ähnlich depressive Stimmungen haben ihn in seinem späteren Leben oftmals heimgesucht; seine Korrespondenz ist an vielen Stellen von Düsterkeit und Verzweiflung geprägt. Doch sein Pessimismus war nicht nur stimmungsbedingt. Ganz offensichtlich war er darum bemüht, sich Klarheit über die eigene gedankliche Position zu verschaffen, ungeachtet der Pose eines jungen Hamlet, die er gelegentlich einnahm (und die

Marguerite ihm spöttisch verwies). Die moralisch-philosophische Haltung, die Conrad in diesen Jahren zu entwickeln versuchte, findet sich in vielen seiner späteren Werke wieder: *Es ist eine Tatsache,* schrieb er an Mme. Poradowska, *daß man erst dann nützlich wird, wenn man erkennt, daß das Individuum in der Ordnung des Universums völlig bedeutungslos ist. Wenn man wirklich verstanden hat, daß man für sich selbst genommen nichts ist und daß der Mensch weder mehr noch weniger wert ist als die Arbeit, die er mit ehrlichen Mitteln und zu ehrlichen Zielen im engen Rahmen seiner Pflicht gegenüber der Gesellschaft leistet, erst dann ist man Herr seines Gewissens, erst dann hat man das Recht, sich einen Menschen zu nennen.*[90] Conrads Kritik gilt dem Gedanken, daß der Wert des Individuums an dessen Erfolg zu messen sei. Ähnlich muß er sich Bobrowski gegenüber geäußert haben, denn dieser pflichtete ihm in der Auffassung bei, daß «die Welt sicherlich eine bessere wäre, als sie es ist, wenn sowohl Individuen wie Nationen statt des Ideals der Größe die Pflicht zu ihrem Ziele machen würden». Zugleich mahnte Bobrowski ihn, sich nicht in Träumen und «düsteren Meditationen» zu verlieren und seine schlechten Erfahrungen im Kongo nicht zum alleinigen Maßstab seines Denkens zu machen.[91]

Trotz seiner allgemeinen Niedergeschlagenheit setzte Conrad die Arbeit an *Almayers Wahn* fort. In seinen Erinnerungen erzählt er, daß er das Manuskript auf seiner zweiten Reise auf der «Torrens» einem der Passagiere, einem jungen, an Tuberkulose erkrankten Studenten aus Cambridge, zur Lektüre gegeben und voller Neugier auf dessen Reaktion gewartet habe: *«Nun, was halten Sie davon?» fragte ich schließlich. «Lohnt es sich, das zu Ende zu schreiben?» Diese Frage drückte genau all das aus, was mir im Sinne lag. «Unbedingt», erwiderte er mit seiner gelassenen, verschleierten Stimme und hustete ein wenig. «Hat es Sie interessiert?» fragte ich weiter, beinahe flüsternd. «Sehr.»*[92] Die Antwort muß Conrad befriedigt haben.

Auf der Rückreise von Adelaide nach London lernte er zwei weitere junge Engländer kennen: Edward Sanderson und John Galsworthy. Mit beiden schloß er Freundschaft. Galsworthy, damals 25 Jahre alt und eben mit dem Studium fertig, beschrieb ihn in einem Brief an seine Eltern: «Der Erste Offizier ist ein Pole namens Conrad, ein großartiger Kerl, wenngleich merkwürdig anzusehen; er ist ein weitgereister, erfahrener Mann, kennt viele Teile der Welt und verfügt über einen großen Vorrat an Seemannsgarn, aus dem ich mich freizügig bediene.»[93] Die Zuneigung zwischen den beiden Männern war gegenseitig und blieb bestehen, ungeachtet aller Unterschiede, die sich in ihrer späteren künstlerischen Entwicklung zeigen. Auch zu Sanderson entwickelte sich eine herzliche und lang andauernde Beziehung, vertieft noch durch die freundliche Aufnahme, die Conrad in der Familie des jungen Mannes fand. Sandersons Vater war Rektor einer angesehenen Privatschule, deren Leitung später

*John Galsworthy und Edward Sanderson an Bord der
«Torrens», 1893*

in die Hände des Sohnes überging. Für Conrad müssen diese Begegnungen mehr als nur eine persönliche Bedeutung gehabt haben, denn sie erschlossen ihm eine Schicht der englischen Gesellschaft, die er bis dahin kaum gekannt hatte, jene des gehobenen Mittelstands, der «upper middle class». In vielen seiner Schriften, insbesondere in seinen Essays und autobiographischen Arbeiten, hat er sich darum bemüht, den Ton gerade dieser Gesellschaftsschicht zu treffen, wenngleich er selbst nie recht in ihr heimisch wurde und immer ein Ausländer in England blieb. Seine Dankbarkeit gegenüber den Sandersons fand Ausdruck in einer schönen Geste: er widmete seinen zweiten Roman, *Der Verdammte der Inseln*, Edward Sanderson; *Spiegel der See*, im Jahre 1906 erschienen, trägt eine Widmung an dessen Mutter.

Joseph Conrad musterte im Juli 1893 von der «Torrens» ab. Seine Hoffnung, das Schiff vielleicht übernehmen zu können, hatte sich nicht erfüllt, so daß er einer Einladung seines Onkels zu einem Besuch in Polen folgen konnte. Wiederum wissen wir über den Verlauf des etwa vierwöchigen Aufenthalts in der Heimat kaum etwas, nur daß Conrad abermals erkrankte und von Bobrowski *wie ein Kind gepflegt* wurde.[94]

Kurz nach seiner Rückkehr nach London übernahm er einen wenig attraktiven Posten. Als Zweiter Offizier musterte er auf dem Dampfer «Adowa» an, der im Dienst einer französischen Gesellschaft Auswanderer von Rouen nach Halifax in Kanada bringen sollte. Daß Conrad gezwungen war, eine Stellung auf einem Dampfschiff anzutreten, für die er überqualifiziert war, zeigt, wie schwierig seine berufliche Situation geworden war. Ebenso wie ihm ging es vielen anderen Seeleuten, denn die Zahl der Segelschiffe hatte in den neunziger Jahren drastisch abgenommen, und durch die Umstellung von der Segel- auf die Dampfschiffahrt konnte Personal eingespart werden. Auch die «Adowa» brachte Conrad kein Glück, denn das geplante Unternehmen zerschlug sich, und nach einer längeren Wartezeit fuhr das Schiff im Januar 1894 zurück nach London. Als Conrad von Bord ging, ahnte er nicht, daß mit diesem Schritt sein Leben als Seemann beendet war.

Er blieb an Land, ohne zunächst ein bestimmtes Ziel vor Augen zu haben. Noch aus Rouen hatte er an Marguerite Poradowska geschrieben, daß er den Wunsch verspüre, sich *irgendwo niederzulassen* – er fange an, *sich alt zu fühlen.*[95] Dabei dachte er keineswegs an ein Leben in England, vielmehr schwebte ihm vor, sich als Lotse im Suezkanal zu verdingen oder sein Glück in der Perlenfischerei vor der australischen Küste zu versuchen. Von dem Gedanken an eine literarische Karriere war er demnach noch immer weit entfernt. Aber wie schon an Bord der «Adowa» nutzte er den *Zustand erzwungener Untätigkeit*[96], um weiter am Manuskript seines Romans zu arbeiten.

Im Februar erreichte ihn ein Telegramm aus Polen mit der Nachricht, daß Tadeusz Bobrowski gestorben sei. Der Verlust traf ihn tief. An Marguerite Poradowska schrieb er: *Es scheint mir, als sei alles in mir tot. Es scheint, als habe er meine Seele mit sich genommen.*[97] Bedenkt man die Situation, in der Conrad sich jetzt befand, kann man seine Klagen verstehen. Er war fast allein in einem ihm noch immer kaum vertrauten Land, war häufig krank, und seine beruflichen Aussichten waren schlecht. In seiner Heimat hatte er den Mann verloren, der ihm *der weiseste, strengste, verständnisvollste Vormund* gewesen war und der ihm seit seiner Kindheit *väterliche Sorge, Zuneigung und moralische Unterstützung* hatte *angedeihen lassen.*[98] Conrad hat Bobrowski geschätzt, trotz eines gelegentlich sicherlich empfundenen Unmuts über dessen häufige Ermahnungen. Tadeusz Bobrowski hat für ihn das Ideal von Pflichterfüllung und einer auf Rationalität und Umsicht beruhenden Lebensführung verkörpert; seine Bewunderung für den Älteren mag um so größer gewesen sein, als er wußte, daß es ihm selbst nicht selten an der Nüchternheit fehlte, die diesen auszeichnete. Vor allem aber bedeutete der Tod Bobrowskis den Verlust einer engen menschlichen Bindung. Über viele Jahre hinweg war der Onkel der einzige, mit dem Conrad in regelmäßigem Gedankenaustausch stand. Die beiden vertrauten einander; die Wärme, die besonders aus den späten Briefen des Älteren spricht, muß Conrad viel gegeben haben.

Trotz aller niederdrückenden Erlebnisse ging die Arbeit an *Almayers Wahn* in den ersten Monaten des Jahres 1894 rasch voran, und am

53

24. April konnte Conrad Marguerite Poradowska die Fertigstellung seines Romans in den schon zitierten Worten melden. Im Juni schickte er das inzwischen überarbeitete Manuskript an den Verleger Fisher T. Unwin; gleichzeitig schrieb er an Marguerite: *Um die Wahrheit zu sagen, ich empfinde keinerlei Interesse am Schicksal von «Almayers Wahn». Das ist beendet. Im übrigen kann dies in jedem Falle nur eine Episode ohne weitere Konsequenzen in meinem Leben gewesen sein.*[99] Sein Desinteresse war offenkundig nur gespielt, denn kurz darauf schlug er seiner *lieben Tante* vor, den Roman in französischer Sprache und unter ihrem Namen erscheinen zu lassen. Seine Stimmung näherte sich dem Tiefpunkt, als er erneut krank wurde: *Meine Nervenkrankheit quält mich, macht mich unglücklich, lähmt meine Handlungsfähigkeit, mein Denken, alles. Ich frage mich, warum ich existiere. Es ist ein schrecklicher Zustand. Sogar in den Zwischenzeiten, wenn es mir angeblich besser gehen soll, lebe ich in der Angst, daß diese quälende Krankheit wiederkommen wird... Mir fehlt der Mut, irgend etwas zu tun.*[100] Dennoch begann er während einer zweiten Kur in der Schweiz ein neues Manuskript: *Ich will diese Sache kurz machen – sagen wir, 20 bis 25 Seiten*, schrieb er an Marguerite. *Ich nenne sie «Zwei Vagabunden», und ich will in groben Zügen, ohne Schatten oder Details, zwei ausgestoßene Männer beschreiben, wie man sie in den verlorenen Ecken der Welt findet. Einen Weißen und einen Malaien. Sie sehen, wie die Malaien mich festhalten. Ich habe mich Borneo verschrieben.*[101] Wie so oft in seinem späteren Schaffen stand am Anfang der Gedanke an eine kurze Erzählung, die sich dann allmählich zu einem Roman ausweitete – aus dem hier skizzierten Stoff wurde der Roman *Der Verdammte der Inseln*.

Am 4. Oktober endlich hörte Conrad von Unwin, daß dieser *Almayers Wahn* zur Veröffentlichung angenommen habe. *Im Augenblick fehlt mir nur ein Schiff, um beinahe glücklich zu sein*, schrieb der Autor an Marguerite.[102] Seine Suche nach einer Heuer blieb indessen auch weiterhin vergeblich, so daß er Zeit hatte, sich dem neuen Manuskript zu widmen. Im Rückblick erschien ihm der Neubeginn wie das Erwachen aus einer schweren Krise. *Neue Werte im Dasein zu entdecken, ist ein verwirrendes Erlebnis*, sagte er in der Vorrede zu *Der Verdammte der Inseln*; *es werde begleitet von einem ruhelosen Hin und Her, einem großen Aufruhr, und man hat vorübergehend das Gefühl, in Dunkelheit gestürzt zu sein. Über diesem Chaos ließ ich mich bewegungslos hingestreckt treiben.* Die Entscheidung, *ich will nicht sagen für ein anderes Leben, aber doch zu einem anderen Buch* brachte Klarheit, obschon Conrad weder mit dem Herzen noch mit dem Kopf auf die See verzichtet hatte.[103] Aber sein Vertrauen in seine literarische Begabung war gewachsen. Im September 1895, knapp ein Jahr nachdem er es begonnen hatte, schloß er das umfangreiche Manuskript des Romans *Der Verdammte der Inseln* ab. Ob bewußt oder unbewußt hatte er sich endgültig auf eine neue Existenz als Schriftsteller eingelassen.

Frühe Romane und Erzählungen

Beide Ellbogen auf das Geländer der Veranda gestützt, fuhr er fort, auf den mächtigen Fluß zu starren, der gleichgültig und rasch vor seinen Augen dahinströmte. Gegen Abend sah er gerne hinaus auf den Fluß; vielleicht weil die Sonne im Untergehen oft einen Schimmer von Gold über das Wasser des Pantai legte und Almayer sehr häufig an Gold dachte; an Gold, das zu erlangen ihm nicht gelungen war, an Gold, das andere – selbstverständlich auf unredliche Weise – in ihren Besitz gebracht hatten, oder auch an Gold, das er auf ehrliche Art mühsam für sich und Nina noch zu gewinnen hoffte. Er versenkte sich in seine Träume von Reichtum und Macht, er sah sich fern von dieser Küste, an der er so viele Jahre verbracht, und er vergaß Mühsal und bittere Plackerei vor dem Traumbild einer großzügigen und glänzenden Belohnung. Er und seine Tochter würden in Europa leben, reich und geachtet... An diesem Abend lag kein Gold auf dem Wasser, denn der Fluß war durch die Regenfälle angeschwollen und schoß wild und schlammig unter Almayers zerstreuten Blicken dahin, große tote Stämme und gesunde entwurzelte Bäume samt Ästen und Blättern mit sich führend, zwischen denen das Wasser wütend gurgelte und brauste.

Einer dieser dahintreibenden Bäume stieß nahe beim Haus gegen das vorspringende Ufer; Almayer schüttelte seine Träume ab und sah ihm mit träger Anteilnahme zu. Die strudelnden, schäumenden Wasser drückten den Baum allmählich herum, sie erlaubten ihm, vom Ufer freizukommen und seine Fahrt stromab fortzusetzen, wobei er sich sachte herumwälzte und einen langen, kahlen Ast emporstreckte wie eine Hand, als erflehe er den Beistand des Himmels gegen die brutale, unnötige Roheit des Flusses... Almayer trat zurück, und in dem Gedanken, daß die Fahrt nun frei sei bis zum Meer, beneidete er dieses unbeseelte Ding, das in der vorschreitenden Dunkelheit immer kleiner und undeutlicher wurde, um sein Los.[104]

Diese Passage steht am Anfang des Romans *Almayers Wahn*. Die Souveränität, mit der Conrad die Darstellung der Gedanken und Empfindungen seines Helden mit einer Beschreibung der Außenwelt verbindet, ist erstaunlich, und man möchte nicht glauben, daß hier jemand schreibt, der in einer fremden Sprache seinen ersten literarischen Versuch unternimmt. In der Tat hat Conrad außerordentlich sorgfältig an dem Text des Romans gearbeitet. In seinem Manuskript finden sich oftmals vier oder

Gustave Flaubert

fünf Versionen ein und desselben Satzes – was fünf Jahre zuvor vielleicht wirklich als *Ferienarbeit* und *in staunenswerter Einfalt des Gemüts* begonnen worden war, hatte in einer leidenschaftlichen Suche nach dem richtigen Ausdruck geendet. Offensichtlich hat Conrad die Lehren Flauberts beherzigt, dessen «Madame Bovary» er noch während der Arbeit an *Almayers Wahn* mit *respektvoller Bewunderung* wiedergelesen hatte.[105] Der Einfluß des Franzosen auf Form und Sprache des Romans ist an vielen Stellen zu spüren, am deutlichsten wohl in der Ironie, die den Ton des Erzählens prägt.

Der Stoff des Romans geht auf Eindrücke Conrads während seiner Zeit auf der «Vidar» zurück. Hätte *ich nicht Almayer recht genau kennengelernt*, beteuerte er in *Über mich selbst*, so wäre *nie eine Zeile von mir im Druck erschienen*[106]. Diese Behauptung ist nicht wörtlich zu nehmen, aber es trifft zu, daß Conrad in einer kleinen Ansiedlung am Fluß Berau an der Ostküste Borneos einem Händler namens Charles Olmejer begegnet ist. Wichtiger freilich als die möglichen Parallelen zwischen der von dem Schiffsoffizier Conrad beobachteten Realität und der in *Almayers Wahn* geschilderten fiktiven Welt ist die Thematik des Romans. Conrad erzählt die Geschichte eines Träumers, dem sein Leben entgleitet und dessen Hoffnungen auf Glück und Erfolg sich zerschlagen. Umgeben von einer fremden, ihm feindlich gesonnenen Welt, zu der er nie einen Zugang findet, ist Almayer zum Scheitern verurteilt, ein Opfer seiner eigenen Schwäche ebenso wie der Umstände, deren er nicht Herr werden kann. Als seine Tochter Nina, das einzige Kind aus einer ihm aufgezwungenen Ehe mit einer Eingeborenen, ihn verläßt, um einen malaiischen Prinzen zu heiraten, bricht er vollends zusammen und verfällt dem Opium.

Was Conrad an Almayer so gefesselt hat, daß er den Mann und seine Umwelt über viele Jahre hinweg *mit* sich *herumschleppte*, wie es in *Über mich selbst* heißt, und sich angewöhnte, *täglich nach dem Frühstück einen bunten Empfang für Malaien, Araber und Mischblütige abzuhalten*[107], ist schwer zu entscheiden. In der Kritik ist mehrfach auf die Stimmung von Weltmüdigkeit und Verzweiflung aufmerksam gemacht worden, die den Roman prägt – wie wir gesehen haben, spricht eben solche Stimmung auch aus den Briefen Conrads, die aus der Entstehungszeit des Romans überliefert sind. Ebenso mag das Gefühl der Isolation und des Ausgeliefertseins an die Welt, der Lähmung und Erschöpfung, das *Almayers Wahn* charakterisiert, in Conrads Leben am Ende seiner seemännischen Karriere eine gewisse Entsprechung gehabt haben. Freilich sind dies Motive, die auch in der übrigen englischen Literatur des ausgehenden 19. Jahrhunderts häufiger begegnen, und man sollte sich davor hüten, den Roman vor allem als Ausdruck der persönlichen Gestimmtheit des Autors zu werten. Gegen eine solche Deutung sprechen nicht zuletzt die Distanz des Erzählers gegenüber seinen Figuren und die verschachtelte zeitliche Struktur des Romans, die ganz offensichtlich das Ergebnis eines sorgfältigen, um einen bestimmten ästhetischen Effekt ringenden Schaffensprozesses sind. Wie John D. Gordan gezeigt hat, wurde Conrad erst allmählich klar, welchen Verlauf die Handlung des Romans nehmen sollte, denn er fügte ganze Passagen noch nach Beendigung der ersten Fassung des Manuskripts ein. Seine Phantasie muß sich vorwiegend an der einzelnen Szene entzündet haben; um deren sinnliche Vergegenwärtigung war er bemüht, und sie zu intensivieren, war das Ziel der vielfältigen Revisionen des Textes.

Almayers Wahn wurde am 29. April 1895 veröffentlicht. Das Titelblatt trug den Namen Joseph Conrad. In der anglisierten Form seiner beiden Vornamen Józef und Konrad hatte der Autor schon gelegentlich seine Korrespondenz gezeichnet; diese Form seines Namens behielt er auch in Zukunft durchweg bei. Die Besprechungen des Romans waren überwiegend positiv, zum Teil enthusiastisch. Einer der Rezensenten prophezeite, daß Conrad «der Kipling des malaiischen Archipels werden könnte»[108], und auch in anderen Kritiken fand der exotische Schauplatz der Handlung besondere Beachtung. Conrad wurde später noch oft in die

Edward Garnett

Nähe von Rudyard Kipling und Robert Louis Stevenson gerückt, eine literaturgeschichtliche Einordnung, die über seine Eigenarten allerdings wenig besagt. Schon in seinen frühen Werken wich er sowohl in der Thematik wie in erzähltechnischer Hinsicht stark von den beiden genannten Autoren ab; in seinem späteren Schaffen gibt es dann so gut wie gar keine Gemeinsamkeiten mehr mit ihnen. Von Kipling, dem Verherrlicher des britischen Empire, trennte ihn insbesondere seine tiefe politische Skepsis; mit Stevenson verbindet ihn allein die Welt der Südsee, in der manche seiner Erzählungen und Romane angesiedelt sind.

In die Zeit der Veröffentlichung von *Almayers Wahn* fällt der Beginn der ersten «literarischen» Freundschaft Conrads. Einer der Lektoren im Verlag Fisher T. Unwin war Edward Garnett, ein junger Schriftsteller, zu dem Conrad sogleich Vertrauen faßte. Garnett hat sein literarisches Gespür und seine Gabe zur Freundschaft im Umgang mit vielen später berühmt gewordenen Autoren bewiesen; zu den von ihm entdeckten und geförderten Schriftstellern gehören neben anderen John Galsworthy, D. H. Lawrence und Stephen Spender. Für Conrad war er viele Jahre lang ein enger Freund, ein kluger Ratgeber in literarischen Dingen und ein den oft entmutigten Erzähler immer wieder aufmunternder Kritiker, der seine Rolle darin sah, «alles, was [Conrad] schrieb, zu würdigen und zu beurteilen und um mehr, mehr zu bitten»[109]. Von ihrer ersten Begegnung hielt er die folgende Erinnerung an Conrad fest: «...ein dunkelhaariger Mann, klein, aber in seinen nervösen Gesten äußerst anmutig, mit glänzenden, bisweilen schmalen und prüfenden, dann wieder sanften und warmen Augen, im Auftreten hellwach, aber zugleich werbend; seine Redeweise war abwechselnd einschmeichelnd, reserviert oder brüsk. Ich hatte nie zuvor einen so männlich bestimmten und doch so weiblich einfühlsamen Mann gesehen.»[110] Wie vorsichtig man mit Conrad umgehen mußte, merkte Garnett bei seinem ersten Besuch in Conrads Wohnung in London, als sie miteinander über die Schwierigkeiten des Lebens eines Schriftstellers sprachen. Mit Nachdruck bedeutete Conrad dem Jüngeren: *Aber ich will nicht in einer Dachkammer wohnen. Darüber bin ich hinaus. Ich will nicht in einer Dachkammer wohnen.*[111]

Joseph Conrads Sorgen waren nicht unberechtigt, denn seine materielle Existenz war keineswegs gesichert. Das Manuskript seines zweiten Romans war fast abgeschlossen, aber noch immer trug er sich mit dem Gedanken, zur Seefahrt zurückzukehren. Zugleich sehnte er sich – nach den zwei Jahrzehnten eines unsteten Daseins – nach einer engeren Bindung. Während einer erneuten Badekur in der Schweiz flirtete er mit der achtzehnjährigen Émilie Briquel und war vielleicht etwas verliebt in das junge Mädchen; die Romanze endete abrupt, als Émilie sich im Februar 1896 mit einem Arzt verlobte. Wenig später teilte Conrad einem Verwandten in Polen die Nachricht von seiner bevorstehenden Heirat mit: *Niemand kann darüber überraschter sein als ich selbst... Sie heißt Jessie, mit Nachnamen George. Sie ist eine kleine, keineswegs besonders gut aussehende Person (leider, um ehrlich zu sein, ziemlich hausbacken!), die mir trotzdem sehr lieb ist. Als ich sie vor 1 ½ Jahren kennenlernte, verdiente sie sich ihren Lebensunterhalt in der City als Schreibkraft im Büro einer amerikanischen Firma... Ihr Vater ist vor drei Jahren gestorben. In der Familie sind neun Kinder. Die Mutter ist eine sehr ordentliche Frau (und zweifellos auch sehr tugendhaft). Indessen muß ich gestehen, daß mir dies alles einerlei ist, weil ich – vous comprenez? – nicht die ganze Familie heirate.*[112] Das Paar wurde am 24. März 1896 vor einem Standesamt in London getraut. Conrad war 38 Jahre alt, seine Braut gerade 23 Jahre.

Über die Gründe für Conrads allem Anschein nach eher impulsive Entscheidung, Jessie George zu heiraten, ist viel gerätselt worden. Die junge Frau stammte aus einfachen Verhältnissen; für die literarische Arbeit ihres Mannes hatte sie wenig Verständnis. Ihrem eigenen Bericht zufolge kam der Heiratsantrag auch für sie überraschend und nicht gerade in Form einer Liebeserklärung – während eines Museumsbesuchs an einem regnerischen Sonntag wandte Conrad sich mit den Worten an sie: *Schau*

59

Jessie George

her, meine Liebe, wir sollten dies hinter uns bringen und heiraten. Guck dir das Wetter an.[113] Zwar kannten sich die beiden seit geraumer Zeit, aber nichts deutet darauf hin, daß Conrad sich in Jessie verliebt hatte. In einem noch am Hochzeitstag geschriebenen Brief an Edward Garnett kommentierte er seinen Entschluß in merkwürdig abgeklärter Weise: *Wenn man erst einmal die Wahrheit erkannt hat, daß die eigene Persönlichkeit nur eine lächerliche und ziellose Maskerade von etwas hoffnungslos Unbekanntem ist, ist man nicht sehr weit davon entfernt, einen Zustand der Heiterkeit zu erreichen. Dann bleibt einem nichts, als sich seinen Impulsen hinzugeben, den vorübergehenden Gefühlen treu zu sein, was einen der Wahrheit vielleicht näherbringt als irgendeine andere Lebensphilosophie. Und warum nicht?*[114]

War Conrad nach dem Flirt mit Émilie Briquel des Alleinseins einfach müde? Nach Richard Curle, einem Freund des Autors aus späteren Jahren, war Jessie zu jener Zeit «die einzige Frau in England, die [Conrad] kannte»[115]; es mag sein, daß er die erste sich ihm bietende Gelegenheit ergriff, um seinem Leben den Halt und die Ordnung einer bürgerlichen

Ehe zu geben. Wenn dies seine Hoffnungen waren, so haben sie sich in vieler Hinsicht erfüllt. Jessie führte ihrem gewiß nicht einfachen Mann den Haushalt, wirkte beruhigend und ausgleichend und sorgte für das materielle Wohl der Familie. Ihre Erinnerungen, in zwei Büchern niedergelegt, vermitteln ein Bild von der eher mütterlichen Art und Weise, in der sie mit Conrad umging, lassen aber auch die Fremdheit und den Abstand ahnen, die zwischen beiden herrschten. Eine Besucherin beschrieb Jessie später recht ironisch als «ein nettes, freundlich aussehendes, dickes Wesen, eine ausgezeichnete Köchin... in der Tat eine gute und erholsame Matratze für diesen hyperempfindsamen, an seinen Nerven leidenden Menschen, der von seiner Frau keine hohe Intelligenz, sondern nur eine Milderung der Erschütterungen des Lebens verlangte»[116]. Eben diesen Schutz scheint Jessie Conrad geboten zu haben, auch dann noch, als sie durch ein jahrelanges Knieleiden stark gehbehindert und fast invalid war.

Als das so ungleiche Paar sich anschickte, seine Flitterwochen in der Bretagne zu verbringen – die Conrads blieben sechs Monate dort –, war Conrads zweiter Roman, *Der Verdammte der Inseln*, soeben erschienen. Im Schauplatz und in den Personen der Handlung knüpft er an *Almayers Wahn* an, in seinem Mittelpunkt aber steht ein für Conrad neues und seltenes Motiv: das einer leidenschaftlichen, hemmungslosen Liebe, die keinerlei Ordnung kennt, den Menschen mit sich reißt und ihn schließlich zerstört. Die körperliche, sinnliche Beziehung zwischen einem weißen Mann und einer eingeborenen Frau erscheint als destruktive Kraft, und gelegentlich wirkt es, als schauderte den Autor vor ihr. Darf man das über die Ehe Conrads Gesagte mit seiner Gestaltung dieses Motivs in Verbindung bringen? Auffällig ist jedenfalls, daß der Liebe zwischen Mann und Frau in den meisten seiner großen Werke eine höchstens untergeordnete Bedeutung zukommt, in den späteren Romanen aber wirkt die Darstellung der Liebe nicht selten eher abstrakt und wenig überzeugend.

Joseph Conrad nutzte die Zeit in der Bretagne zu intensiver Arbeit. Jessie und er lebten zurückgezogen (*Sie ist eine gute Kameradin und keinerlei Belastung, ich mag sie tatsächlich gern um mich haben*, heißt es in einem Brief[117]); gelegentlich unternahmen sie kurze Segelausflüge. *Die Küste ist felsig, sandig und voll trauriger Ausdruckskraft*, schrieb Conrad an Ted Sanderson, den jungen Freund, den er auf der «Torrens» kennengelernt hatte, aber *das Land... ist grün und sonnig, oftmals sogar dann, wenn die See und die kleinen Inseln im Schatten vorüberziehender Wolken liegen... Und das Volk, das diese Küsten bewohnt, ist ein Volk von Frauen – schwarzgekleidet, mit weißen Hauben, denn die Männer fischen in Island oder auf den Neufundlandbänken.*[118] In dieser Landschaft siedelte Conrad seine Erzählung *Die Idioten* an, eine makabre Geschichte über eine Frau, die vier schwachsinnige Kinder gebiert und ihren Mann erstickt, als dieser sie abermals begehrt. Weitere Erzählungen entstanden: *Ein Vorposten des Fortschritts* (*An Outpost of Progress*), eine erste Auseinander-

61

setzung mit den Erfahrungen im Kongo, und *Die Lagune* (*The Lagoon*), in der sich Conrad erneut einem malaiischen Stoff und dem Thema des Verrats zuwendet. Über die Kongo-Geschichte schrieb er seinem Verleger: *Die ganze Bitterkeit jener Tage, mein verwirrtes Erstaunen über die Bedeutung dessen, was ich sah – meine ganze Entrüstung über die vorgebliche Menschenliebe – waren wieder in mir, während ich schrieb.*[119] *Die Lagune* dagegen tat er als zweitrangig ab: *Das ist eine raffinierte Angelegenheit mit den üblichen Wäldern, Fluß – Sternen – Wind, Sonnenaufgang und so weiter, die viel abgedroschenen Conrad enthält.*[120] Die Kurzgeschichten brachten Geld: Conrad erhielt £ 13 für *Die Lagune*, £ 42 für *Die Idioten* und £ 50 für *Ein Vorposten des Fortschritts*.

Die Welt Malaysiens ließ ihn nicht los. Den größten Teil seiner Energie steckte er in den Roman *Die Rettung*, dessen Held Tom Lingard, der *König der Meere*, schon in *Almayers Wahn* und *Der Verdammte der Inseln* eine nicht unwichtige Rolle gespielt hatte. Aber Conrad kam mit dem Roman nicht voran. Quälende Selbstzweifel und periodisch wiederkehrende Schreibhemmungen begleiteten die Entstehung des Manuskripts, das er Edward Garnett in kurzen Abständen zur Beurteilung zuschickte: *Werden Sie mir die Wahrheit darüber sagen? ... Ist das Geschriebene völliger Unsinn? Ich hatte die vage Vorstellung, daß ich dem Leser im ersten Teil den Eindruck der See – des Schiffes – der Seeleute vermitteln wollte. Aber ich bezweifle, ob ich irgend etwas anderes als ein Bild meiner eigenen Torheit gezeichnet habe. – Ich zweifle an der Echtheit meiner eigenen Eindrücke... Ich träume stundenlang, stundenlang! über einem einzigen Satz, und selbst dann kann ich ihn nicht so zusammenbringen, daß er dem Verlangen meiner Seele entspricht. Ich habe den Verdacht, daß ich eine ernsthafte geistige Krankheit durchmache.*[121] Trotz aller Ermutigung durch den Freund stockt die Arbeit immer wieder: *Wenn ich vor dem fatalen Manuskript sitze, scheint es mir, daß ich vergessen habe, wie man denkt – schlimmer noch! wie man schreibt. Es ist, als habe in meinem Kopf etwas nachgegeben und kalten, grauen Nebel hereingelassen. In dem schlage ich mich blind herum, bis ich... physisch krank bin – und dann gebe ich auf und sage – morgen! Und morgen kommt – und bringt nur erneute und vergebliche Qual. Ich frage mich, ob ich geistig zusammenbreche. Ich fürchte mich davor.*[122] Schließlich legte Conrad das Manuskript beiseite. In späteren Jahren griff er es mehrfach wieder auf, wenn die Arbeit an anderen Vorhaben stockte; bis zur endgültigen Fertigstellung des Romans vergingen mehr als zwanzig Jahre.

Joseph Conrads Verzweiflung war nicht gespielt. Auf Anraten von Garnett hatte er bereits einmal die Arbeit an einem Roman abgebrochen – ein geplanter Künstlerroman mit dem Titel *Die Schwestern* (*The Sisters*) blieb Fragment. Hinzu kamen finanzielle Verluste: durch eine Fehlinvestition seines Geldes in eine Goldmine in Südafrika büßte er einen großen Teil des ihm aus seinem Erbe und seinen Ersparnissen verbliebenen Kapi-

Aus einem Manuskript (Schluß von «Heart of Darkness»)

tals ein. Die Verzweiflung hing mittelbar aber auch mit seiner Arbeitsweise zusammen. Zumeist verließ er sich auf seinen «Instinkt» als Schriftsteller; er wartete auf Inspiration, eher als daß er ein Werk im voraus plante: *Ich produziere meine gesamte Arbeit sozusagen unbewußt, und es hat keinen Sinn, daß ich mich, um einen bestimmten Zweck zu erreichen, in das einmische, was in mir ist*, schrieb er an Garnett[123]; in einem anderen Brief bemerkte er, daß seine *Ausdruckskraft in rätselhafter Weise unabhängig von ihm selbst* sei und er sich nur als *das Werkzeug eines Gebieters* empfände, *auf den man sich nicht verlassen kann.*[124] Er schrieb in Schüben, gelegentlich fast wie in einem Rausch: *Das verdammte Zeug kommt nur durch eine*

Art geistigen Krampf heraus, der zwei, drei oder mehr Tage – bis zu zwei Wochen – anhält; nachher bin ich völlig schlapp und nicht sehr glücklich, in meinen Gefühlen allem Anschein nach erschöpft, aber insgeheim so gereizt, daß ich wild werden könnte.[125] Die für ihn *einzig denkbare Art des Schreibens* sei *nichts anderes als die Umwandlung nervöser Energie in Sätze*, heißt es an anderer Stelle; *ist die nervöse Energie erschöpft, kommen die Sätze nicht, und keine Willensanspannung kann helfen.*[126] Auch wenn er wußte, daß er seine Tagesproduktion wieder verwerfen würde, zwang er sich zu einer täglichen Routine des Schreibens; gegen die ihn immer wieder quälenden Schreibhemmungen suchte er sich zu schützen, indem er an mehreren Vorhaben gleichzeitig arbeitete. Auch im Diktieren und nicht zuletzt in der Zusammenarbeit mit anderen Schriftstellern suchte er Hilfe. Er schreibe *mit der Zähigkeit der Verzweiflung,* sagte er einmal.[127]

Im September 1896 kehrten Conrad und seine Frau nach England zurück. Sie mieteten ein kleines Haus in dem Dorf Stanford-le-Hope in Essex, nicht weit von der Themsemündung entfernt und in der Nachbarschaft alter Freunde, der Familie Hope, die Conrad noch aus seiner Zeit als Schiffsoffizier kannte. Es zog ihn in die Nähe des Wassers, wohl auch, weil er gelegentlich mit seinen Freunden segeln wollte. Schon im März des nächsten Jahres erfolgte dann der erste Umzug, dem sich später viele weitere anschlossen – die für Conrad so bezeichnende Ruhelosigkeit, die viele Besucher an ihm beobachteten, drückte sich auch in häufigem, oftmals sehr plötzlichem Wohnungswechsel aus. Allerdings blieb er immer im Süden Englands; in seinen späteren Jahren wohnte er ausschließlich in der Grafschaft Kent.

Noch in der Bretagne hatte Conrad die Erzählung *Der Nigger von der «Narzissus»* begonnen. Wiederum wuchs sich der ursprünglich für eine kürzere Geschichte gedachte Stoff zu einem Roman aus, aber das Schreiben ging zügiger voran als sonst und ohne die üblichen Klagen. Conrad sprach von *seinem geliebten Nigger*[128], dann, kurz vor dem Abschluß des Manuskripts, verkündete er Garnett in seltenem Triumph: *Ich glaube, daß es gelungen ist! Es ist gelungen!*[129] Als er am Ende der Arbeit, psychisch und physisch erschöpft, zwei Tage lang das Bett hüten mußte, sah er in der erzwungenen Bettruhe nur *einen billigen Preis dafür, diese Geschichte beendet zu haben*[130]. Auch später sprach er voller Stolz und Überzeugung von dem Roman: *Es ist das Buch, an dem ich bereit bin, gemessen zu werden, vielleicht nicht als Schriftsteller, aber als Künstler, der um die äußerste Aufrichtigkeit des Ausdrucks ringt.*[131] Andere stimmten seiner Einschätzung zu. Stephen Crane nannte den Roman «einfach großartig»[132], und Henry James sagte: «‹Der Nigger von der Narzissus› ist meiner Meinung nach das schönste und stärkste Bild der See und des Lebens auf See, das unsere Sprache besitzt.»[133]

Viel unmittelbarer als in den vorangegangenen Werken verarbeitete Conrad in *Der Nigger von der «Narzissus»* eigene Erfahrungen. Der Ro-

*Der Hafen von Bombay, in dem Conrad 1884
an Bord der wirklichen «Narcissus» ging*

man beschreibt eine Reise von Bombay nach London und stützt sich dabei auf Erlebnisse Conrads an Bord der wirklichen «Narcissus» im Jahre 1884. Eindrücke anderer Reisen kamen hinzu. Es sei ihm darum gegangen, *die Mannschaft eines Handelsschiffs* darzustellen, die *im Hinblick auf das, was ich das moralische Problem der Haltung nennen möchte, einer Prüfung unterzogen wird*, sagte Conrad später; dabei liege der Akzent nicht auf dem Individuum, sondern auf *der Gruppe, die durch gemeinsame Loyalität und gemeinsame Erschütterung zusammengehalten wird.*[134]

Die Erschütterung ist zweifacher Art. Zum einen gerät das Schiff vor dem Kap der Guten Hoffnung in einen schweren Sturm, in dem es zu kentern droht; zum anderen erlebt die Besatzung das langsame Sterben des schwarzen Matrosen James Wait, des im Titel genannten *Niggers*. Beide Ereignisse stellen die Loyalität und Solidarität der Mannschaft auf die Probe, wobei sich zerstörerischer noch als die Gewalt des Sturms die unheimliche Gegenwart des schleichenden Todes auswirkt. Sie korrumpiert die Moral der Mannschaft, lähmt ihre Freude an der Arbeit und hindert sie daran, ihre Pflichten zu erfüllen, führt zu Streit und Meuterei und schafft ein Klima, das Schwäche, Unehrlichkeit und Zwietracht begünstigt. Erst als Wait stirbt, scheint der Fluch gebannt. Ob die Mannschaft ihre Bewährungsprobe in Conrads Augen bestanden hat, bleibt allerdings offen.

In vielen Passagen des Romans wirkt die Erzählweise distanziert und unbeteiligt. Über das Mannschaftsquartier der «Narzissus» heißt es am Anfang: *Im Logis, am anderen Ende des Schiffes, brannte nur noch eine Lampe, und alles war schlafen gegangen. Dann und wann wurde die Stille durch laute Atemzüge oder einen jähen Seufzer unterbrochen. Die beiden Reihen Kojen an den Seiten glichen dunklen Grabstätten, die unruhige Geister beherbergten. Da und dort bezeichnete ein halb zurückgezogener bunter Vorhang die Ruhestätte eines Sybariten. Leblos hing ein weißhäutiges Bein über den Rand einer Koje; aus einer anderen ragte ein Arm heraus, die dunkle Handfläche nach oben gekehrt, die dicken Finger halb gekrümmt. Man hörte das leichte Schnarchen von zwei Männern, die, wie im komischen Wettstreit, vergeblich versuchten, in Takt zu kommen.*[135] Man glaubt abermals, den Einfluß Flauberts zu spüren, dessen *Wiedergabe konkreter Dinge und visueller Eindrücke* Conrad später besonders hervorhob.[136] Die in *Der Nigger von der «Narzissus»* gewählte Erzählsituation ist allerdings komplizierter, als es der zitierte Ausschnitt vermuten läßt. Derjenige, dessen Stimme wir hören, ist ein Mitglied der Mannschaft, bleibt aber trotzdem anonym; er ist am Geschehen beteiligt und dennoch in der Lage, es von einer übergeordneten Warte aus zu betrachten. Daß dieser Erzähler bisweilen auch über Vorgänge berichtet, deren Kenntnis sich ihm eigentlich entzieht, scheint Conrad nicht gestört zu haben. Vermutlich suchte er nach einem Weg, das Bewußtsein der Gruppe, des «wir», wiederzugeben, ohne darauf verzichten zu müssen, das Geschehen gleichzeitig von seinem eigenen Standpunkt aus zu kommentieren. Die folgende Passage beschreibt die Wirkung des todgeweihten James Wait auf die Stimmung der Besatzung: *Er begann körperlos zu werden wie ein übernatürliches Wesen. Seine Backenknochen traten hervor, seine Stirn fiel steil ab, das ganze Gesicht war eingesunken und zeigte tiefe Schatten. Der fleischlose Kopf sah aus wie ein ausgegrabener schwarzer Totenschädel mit zwei unruhigen Silberkugeln in den Augenhöhlen. Er war einfach demoralisierend. Wir wurden durch ihn sehr menschenfreundlich, zartfühlend und ganz und gar verweichlicht. Wir hatten Verständnis für die feinsten Abstufungen seiner Angst und Mitgefühl für seine Abneigungen, Ausflüchte und Selbsttäuschungen – als wären wir ungewöhnlich human, innerlich morsch und ohne jedes Verständnis für den Sinn des Lebens... Wir waren unsäglich niederträchtig und dabei mit uns selbst sehr zufrieden... Er übte einen solchen Einfluß auf unseren Geisteszustand aus, als stünde es in seiner Macht, Ehren, Schätze oder Schmerzen zu verteilen... Wir beobachteten ihn gespannt.*[137]

Die «Narcissus», in Glasgow 1906

Das Mitleid der Mannschaft mit dem sterbenden Wait erweist sich als das eigentlich gefährliche, zersetzende Element, denn es entspringt im Grunde nur der eigenen Todesangst. Conrads Sympathie gehört dem alten Seemann Singleton, der Wait ohne Umschweife fragt: «*Bist du am Sterben?*» und ihm dann gebietet: «*Gut, dann mach zu mit deinem Sterben und mach nicht so viel Getue darum. Wir können dir nicht helfen.*»[138] Singleton ist mit sich selbst im reinen, tut immer seine Pflicht und harrt während des Sturms 36 Stunden lang am Steuer aus. Er ist einer der alten Generation der Seefahrer, der Männer, *die Plackerei und Entbehrung, Gewalttätigkeit und Ausschweifung gekannt – aber nichts von Furcht wußten und in deren Herzen die Bosheit keinen Platz hatte. Männer, die schwer zu lenken, doch leicht zu begeistern waren; vielen Worten feind, doch Manns genug, in ihrer Brust jede sentimentale Regung über ihr hartes Geschick zu unterdrücken... Gefolgt sind ihnen die erwachsenen Kinder einer unzufriedenen Welt. Sie sind nicht so schlimm, aber auch nicht so unschuldig; nicht so unehrerbietig, aber vielleicht auch nicht so gläubig; und wenn sie reden gelernt haben, so haben sie auch klagen gelernt. Die andern aber waren stark und stumm.*[139]

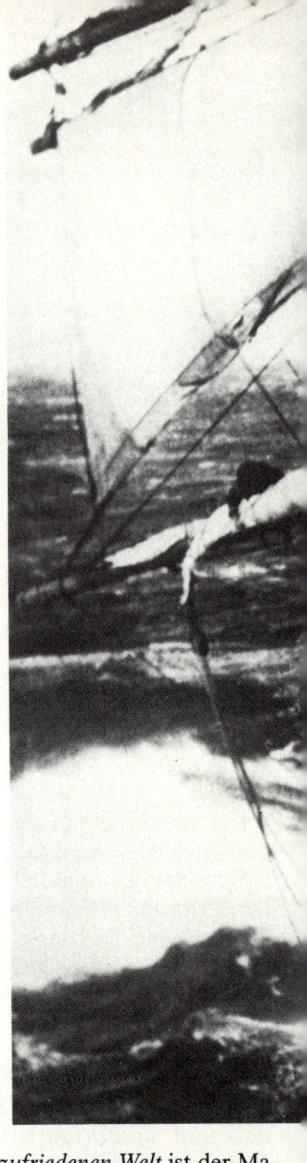
Windjammer in schwerer See

Schlimmstes Beispiel der *Kinder einer unzufriedenen Welt* ist der Matrose Donkin, ein Aufrührer, zu nichts Nutze und Gegenstand der bittersten Verachtung in Conrads gesamtem Werk: *Das war er – der Mann, der nicht steuern kann und nicht spleißen; der sich nachts, wenn es dunkel ist, von der Arbeit drückt; der oben in der Takelage sich verzweifelt mit beiden Armen und Beinen festklammert und auf den Wind, den Hagel, die Dun-*

kelheit flucht; der Mann, der die See verwünscht, während andere arbeiten... der Mann, der am wenigsten kann und das wenige nicht einmal tun will. Der Liebling der Philanthropen und der selbstsüchtigen Landratten. Das mitfühlende, verdienstvolle Wesen, das genau seine Rechte kennt, aber nichts von Mut und Ausdauer weiß und auch nichts von der selbstverständlichen Treue und Redlichkeit, die eine Schiffsgemeinschaft verbindet. Die wilde Frucht der Elendsviertel und ihrer erbärmlichen Freiheit, voll Verachtung und Haß gegen die harte Knechtschaft der See.[140] Donkin schürt die Unruhe der Mannschaft, bleibt aber ein Außenseiter. Trotzdem kommt es durch ihn fast zu einer Meuterei. Der Autorität des Kapitäns, einer weiteren Gestalt, der Conrad deutlich mit Zustimmung begegnet, sind indessen weder Donkin noch der Rest der Mannschaft gewachsen.

Der Nigger von der «Narzissus» bestätigt, was wir aus Conrads Briefen über seine konservativ-aristokratische Grundhaltung wissen. Mitleid und soziale Fürsorge, gewerkschaftliches Bemühen, die Arbeitsbedingungen der Seeleute zu verbessern, sind in seinen Augen Fehlentwicklungen, wirtschaftliche Zusammenhänge interessieren ihn im Grunde nicht. Dem Christentum stand er ablehnend gegenüber. Die *absurde orientalische Fabel, von der es seinen Ausgang nimmt, irritiert mich*, schrieb er in einem Brief[141] und wandte sich insbesondere gegen den Gedanken, daß menschliche Verfehlungen durch Leiden gesühnt werden könnten: *Es gibt keine Sühne. Alles Handeln im Leben ist endgültig und bringt unweigerlich seine Konsequenzen hervor, trotz allen Tränen und allem Zähneknirschen und dem Kummer schwacher Seelen, die Furcht und Schrecken erleiden, wenn sie mit den Ergebnissen ihrer eigenen Handlungsweise konfrontiert werden.*[142] Doch ungeachtet seiner Abneigung gegenüber *der christlichen Religion, ihrer Doktrin, ihren Zeremonien und Festen* sagte er sich offiziell von der katholischen Kirche, in der er getauft worden war, niemals los.[143]

Was aber hat es auf sich mit der Forderung nach Solidarität und Loyalität der Mannschaft im *Nigger von der «Narzissus»*? Offenbar stehen diese Tugenden vor allem im Dienst des Schiffes. Als Singleton gefragt wird, ob die *«Narzissus»* ein ordentliches Schiff sei, antwortet er: *Die Schiffe sind in Ordnung. Aber die Menschen auf ihnen!*[144] Der Kapitän begegnet aller Kritik der Besatzung mit der Bemerkung: *Ich bin dazu da, um dieses Schiff voranzubringen und jeden einzelnen an Bord bei der Stange zu halten.*[145] Der Erzähler billigt diese Haltung ausdrücklich. Gleichwohl reiht er sich am Ende des Romans wieder in die Mannschaft ein und ruft ihr zu: *Haben wir nicht zusammen auf der unsterblichen See unserem sündigen Leben einen Sinn abgerungen? Lebt wohl, Brüder! Ihr wart eine gute Mannschaft.*[146]

Man mag den Schluß als eine vor allem rhetorische Geste bewerten, aber es ist nicht zu bestreiten, daß Conrad bei allem Tadel, den er der Mannschaft der *«Narzissus»* erteilt, diese dennoch überwiegend positiv zeichnet. Sie bewährt sich im Sturm und bei anderen Gelegenheiten; mit der Ausnahme Donkins ist sie weder bösartig noch gemein. Im Gegenteil, viele ihrer Mitglieder wirken liebenswert und sind, gemessen an der Realität, sicherlich hervorragende Vertreter ihres Berufs. Ohne Frage hat Conrad sie idealisiert, wie er ebenso die Lebensbedingungen an Bord des Schiffes eher beschönigt als realistisch abgebildet hat. Noch während er an dem Roman schrieb, sprach er von seinem Bemühen, seinen *alten Kame-*

raden ein würdiges Denkmal zu setzen[147], und in seiner Widmung an Edward Garnett nannte er das Buch *eine Geschichte von meinen Freunden auf See*[148]. Wie es scheint war die psychologisch-moralische Analyse des Verhaltens der Mannschaft der «Narzissus» nur eins von mehreren Zielen, das er sich mit dem Roman gesteckt hat. Zu ihnen gehörte auch das Bewahren – und Verklären – eines Teils seines eigenen Lebens.

Durch Vermittlung von Edward Garnett war es Conrad gelungen, den *Nigger von der «Narzissus»* als Fortsetzungsroman in der angesehenen Zeitschrift «New Review» unterzubringen. *Jetzt...bin ich nicht einmal mehr vor dem Teufel bange*, schrieb er; *ich fühle mich wie in alten Tagen, wenn ich ein Schiff bekam und vor dem Aufbruch in ein Jahr der Sklaverei auf See eilig eine Menge Landgangsgefühle in einen einzigen kurzen Abend stopfte.*[149] Die Fortsetzungen erschienen von August bis Dezember, die Buchausgabe im Dezember 1897. Inzwischen hatte «Blackwood's Edinburgh Magazine» die Erzählung *Karain*, eine weitere Geschichte über einen malaiischen Stoff, angenommen. Mit William Blackwood, der später sowohl die Bände *Jugend* (mit den Erzählungen *Jugend*, *Herz der Finsternis* und *Das Ende vom Lied*) wie *Lord Jim* verlegte, entwickelte sich ein lebhafter Briefwechsel. Aber Conrad erlitt auch Rückschläge: seine Erzählung *Die Rückkehr* wurde allenthalben abgelehnt. Seine finanziellen Sorgen wuchsen, immer wieder mußte er sich Geld leihen, um Vorschüsse bitten, seine Gläubiger vertrösten.

In einem Brief aus diesen Tagen an eine Bekannte aus den Jahren der Kindheit in Polen heißt es: *Ich habe einen gewissen literarischen Ruf, aber die Zukunft ist alles andere als sicher. Ich habe die Wertschätzung einiger Menschen aus der geistigen Elite gefunden, und ich zweifle nicht, daß ich mir ein – allerdings begrenztes – Publikum schaffen kann, das es mir erlaubt, mir meinen Lebensunterhalt zu verdienen. Von einem Vermögen träume ich nicht; das findet man ohnehin nicht in einem Tintenfaß. Aber ich bekenne Ihnen, daß ich vom Frieden träume, von ein wenig Ruhm und davon, den Rest meines Lebens dem Dienst an der Kunst zu widmen, frei von materiellen Sorgen.*[150] Wie wir wissen, ging dieser Traum nur teilweise in Erfüllung, denn von *materiellen Sorgen* blieb Conrad viele Jahre heimgesucht. Interessant ist die Selbstverständlichkeit, mit der er jetzt, gerade zwei Jahre nach seinem Debüt als Autor, von seiner Rolle als Künstler spricht. Offenbar hegte er keinen Zweifel mehr an seiner Berufung zum Schriftsteller, ungeachtet aller seiner Klagen über seine häufigen Schreibhemmungen und Depressionen.

Mit der gleichen Selbstverständlichkeit trat Conrad am Ende des Jahres 1897 mit einem künstlerischen Manifest an die Öffentlichkeit. Als Vorwort für den *Nigger von der «Narzissus»* konzipiert, wurde es erstmals im Anschluß an die letzte Fortsetzung des Romans im «New Review» gedruckt. Conrads Überlegungen über die Aufgabe und das Wesen der Kunst kreisen um drei Gedanken. Die Wahrheit, nach der der Künstler strebt, heißt es zunächst, unterscheide sich grundsätzlich von jener des Philosophen und des Naturwissenschaftlers. Der Künstler *spricht unsere Fähigkeit an, uns zu freuen und uns zu wundern, unseren Sinn für die Geheimnisse, die unser Leben umgeben, unser Mitgefühl, unseren Sinn für Schönheit und Schmerz, unser Gefühl der Zusammengehörigkeit mit der ganzen Schöpfung – und unsere stille, aber unbesiegbare Überzeugung, daß Solidarität die Einsamkeit unzähliger Herzen miteinander verbindet, eine Solidarität im Träumen, in Freude und Leid, in Sehnsüchten, Illusionen, Hoffnungen und Ängsten die Menschen aneinander bindet, die ganze Menschheit miteinander verbindet – die Toten mit den Lebenden und die Lebenden mit den noch Ungeborenen.*[151] Der Begriff der Solidarität erscheint hier in einem überraschenden Kontext. Er ist weder politisch noch in dem Sinne gemeint, wie man ihn auf das Verhalten etwa einer Schiffsbesatzung anwenden könnte; was Conrad vorschwebt, ist wohl eher die – romantische – Vorstellung, daß die Kunst, indem sie einem universalen Anspruch gehorcht, alle Grenzen zwischen den Menschen aufzuheben imstande ist. Bezeichnend ist seine Skepsis gegenüber dem *sich wandelnden Wissen der aufeinanderfolgenden Generationen*, von dem im selben Zusammenhang die Rede ist. Die Kunst, sagt Conrad, sucht nach dem, was *dauerhaft und wesentlich im sichtbaren Universum* ist, nach *der einen und zugleich vielfältigen Wahrheit, die allen seinen Erscheinungen zugrunde liegt.*[152] Für den Künstler, so scheint es, gibt es nach Conrad keinen historischen Ort, seine Wahrheit ist absolut.

Joseph Conrads zweiter Gedanke betrifft die Art der literarischen Darstellung. Wie in den anderen Künsten *wendet sich* in der erzählenden Literatur *ein Temperament an all die unzähligen anderen Temperamente*, heißt es einleitend, und die Kraft dieses Temperaments *schafft die moralische, die emotionale Atmosphäre von Ort und Zeit* in einem Werk. *Alle Kunst... wendet sich an die Sinne*, fährt Conrad dann in einer berühmt gewordenen Passage fort, *und auch die künstlerische Absicht, die sich im geschriebenen Wort ausdrückt, muß ihren Appell durch die Sinne erfolgen lassen... Sie muß mit äußerster Anstrengung danach streben, die Plastizität der Skulptur, die Farbigkeit des Bildes und die magische Suggestivität der Musik – der Kunst aller Künste – zu erreichen*, ein Ziel, das ihr *nur durch ein beharrliches, nie entmutigtes Bemühen um die Gestalt und den Klang von Sätzen gelingen kann ... Die Aufgabe, die ich zu erfüllen suche, ist es, durch die Macht des geschriebenen Wortes zu bewirken, daß der Mensch fühlt und vor allem, daß er sieht. Nur das, und darin liegt alles.*[153] Die Literarhistoriker haben in diesem Abschnitt Ähnlichkeiten mit den Forderungen des literarischen Impressionismus des ausgehenden 19. Jahrhunderts erkannt; richtig ist aber auch der Hinweis Ian Watts auf die mehrfache Bedeutung des Wortes «to see» im Englischen: Conrads Appell an die Sinne des Lesers schließt gedankliches Verstehen keineswegs aus. Die Einsicht, die der Erzähler anstrebt, scheint auf mehr als nur eine geistige Fähigkeit bezogen und zwischen der sinnlichen Wahrnehmung, dem Gefühl und dem Verstand angesiedelt zu sein. In diesem Sinn läßt sich auch der Begriff der *moralischen, emotionalen Atmosphäre*, wie Conrad ihn gebraucht, vielleicht am ehesten interpretieren.

Im dritten und letzten Teil seiner Überlegungen verbindet Conrad den Gedanken von einer durch die Kunst gestifteten Solidarität unter den Menschen mit jenem der Zeit. Der Schriftsteller *entreißt* in seinem Werk *der unerbittlich weitereilenden Zeit einen flüchtigen Lebensabschnitt*; dieses *gerettete Bruchstück* hält er uns vor Augen. Dabei darf sich der wahre Künstler nicht an *nur vorübergehend gültige Formeln seines Gewerbes*, an keine Richtungen halten, *denn all diese Götter müssen ihn nach einer kurzen Phase der Verbundenheit... dem Stammeln seines Gewissens* überlassen. Wenn der gestaltete Augenblick aber *die Substanz seiner Wahrheit offenbart, die Spannung und die Leidenschaft, die seinem Kern innewohnt... dann erweckt er im Herzen des Betrachters jenes Gefühl unvermeidlicher Solidarität... das alle Menschen miteinander und die ganze Menschheit mit dem sichtbaren Universum verbindet*. Solche Solidarität wiederum ist nicht an die Grenzen von Zeit und Geschichte gebunden, sie rührt her *aus unserer geheimnisvollen Herkunft, aus unseren Mühen und Plagen, aus unseren Freuden und Hoffnungen, unserem ungewissen Schicksal*, die uns der Künstler *im Licht eines aufrichtigen Gemüts vor Augen hält*.[154]

Die im Vorwort zum *Nigger von der «Narzissus»* dargelegten Gedanken lassen erkennen, daß Conrad sich intensiver mit kunsttheoretischen Überlegungen seiner Zeit auseinandergesetzt hat, als er es in seinen Erinnerungen zugeben mochte – solche Beschäftigung fügte sich nicht in das Bild eines einfachen Seemanns, das er gern von sich entwarf. Doch offensichtlich ist das Vorwort aus einem Zwiegespräch mit anderen Autoren heraus entstanden. Der Gedanke an eine der Kunst eigene Wahrheit wurde schon von Wordsworth und anderen Dichtern der Romantik vertreten; am Ausgang des 19. Jahrhunderts finden sich ähnliche Vorstellungen vor allem bei Walter Pater, für den, wie für Conrad, erst die künstlerische Gestaltung dem Erlebnis der Wirklichkeit bleibenden Wert verleiht. Eine der Vernunft überlegene Wahrheit der Kunst hatte ebenfalls Schopenhauer postuliert, dessen Einfluß auf Conrad außer Frage steht. Wie Galsworthy berichtet, hat Conrad Schopenhauer schon früh «mit Befriedigung» gelesen.[155] Die Gedanken des deutschen Philosophen erreichten ihn auch über den Umweg Guy de Maupassants, der Schopenhauer bewunderte; mit dem Werk Maupassants aber war Conrad besonders innig vertraut. Er kannte ganze Passagen auswendig und übernahm einzelne Textstellen aus den Novellen Maupassants bis in deren Wortlaut hinein. Schon 1894 bekannte er in einem Brief an Marguerite Poradowska: *Ich fürchte, daß ich mich zu sehr unter dem Einfluß von Maupassant befinde.*[156]

Guy de Maupassant

Ungeachtet der Parallelen zu den gedanklichen Positionen anderer Autoren spiegelt sich in Conrads künstlerischem Manifest nicht zuletzt auch die eigene Situation des Erzählers. Wenn er mit solchem Nachdruck von der Aufgabe der Kunst spricht, Solidarität und Gemeinsamkeit unter den Menschen zu schaffen, denkt man an die Einsamkeit, die ihn umgab – es ist, als baue er sich in seinen Überlegungen eine Brücke, die ihn, wenn auch in abstrakter, gedanklicher Form, mit anderen verbinden soll. Der Begriff Solidarität muß ihm aus dem elterlichen Haus vertraut, wenn nicht verpflichtend gewesen sein. Sein Temperament aber scheint es ihm schwergemacht zu haben, enge persönliche oder politische Bindungen einzugehen; in seinem auf Absolutes gerichteten, skeptischen Denken war für die Form politischer Aktivität, wie sie sein Vater geübt hatte, kein Platz. Er lebte in einem kleinen Dorf an der Themsemündung; soweit wir aus seinen Briefen und den Berichten seiner Frau schließen können, blieb er jedoch ein Fremder und machte weder jetzt noch später je einen Versuch, am Leben der ihn umgebenden Gemeinde teilzunehmen. Der Grad, in dem er sich selbst in der eigenen Familie isolierte, läßt sich an der Distanz messen, mit der er etwa dem Freund Ted Sanderson die bevorstehende Geburt seines ersten Kindes mitteilte: *Keine weiteren Neuigkeiten, es sei denn, man wolle die Nachricht, daß die Aussicht auf einen Nachfahren besteht, als Neuigkeit werten. Ich bin nicht übermäßig erfreut.*[157]

Es mag sein, daß das Bekenntnis zu menschlicher Solidarität im Vorwort zum *Nigger von der «Narzissus»* in dieser tief verwurzelten Einsamkeit Conrads seinen Ursprung hat. Das Werk des Künstlers erscheint als Mittel zur Überwindung eben dieser Einsamkeit, in ihm schafft der Künstler eine Form der Gemeinschaft mit all jenen *unzähligen Herzen* und *unzähligen Temperamenten*, die ihm außerhalb des Bereichs der Kunst versagt ist. Als Conrad das Vorwort schrieb, hatte sich seine Situation in einer Weise allerdings bereits wesentlich geändert. In seinen zahlreichen gerade in dieser Zeit begonnenen Freundschaften erfuhr er eine für ihn neue und beglückende Bestätigung.

Mit dem Erscheinen von *Almayers Wahn* im April 1895 hatte Conrads Leben eine entscheidende Wende genommen. Zwar war seine finanzielle Situation nach wie vor schlecht, der Anfang seiner literarischen Karriere hätte indessen kaum erfolgreicher sein können. Mit *Der Verdammte der Inseln* und *Der Nigger von der «Narzissus»* hatte er zwei weitere Romane veröffentlicht; seine Erzählungen wurden in angesehenen Zeitschriften gedruckt, sein Ruf als ernst zu nehmender Schriftsteller hatte sich gefestigt. Insbesondere in *Der Nigger von der «Narzissus»* hatte er seine erzählerische Kraft unter Beweis gestellt und eine eigene, ihm gemäße Darstellungsweise gefunden. Er hatte sich in England etabliert und eine Familie gegründet; zumindest zeitweilig fühlte er sich *hoffnungsvoller... als zu irgendeinem anderen Zeitpunkt* in seinem Leben.[158]

Die großen Werke

Die einzig legitime Basis schöpferischer Arbeit liegt darin, mutig all die unaufhebbaren Widersprüche zu erkennen, die unser Leben so rätselhaft, so belastend, so faszinierend, so gefährlich – so hoffnungsvoll machen. Es gibt sie! Und das ist die einzig fundamentale Wahrheit der Dichtung.[159] Die Eigenart des Conradschen Werkes hat viel mit den *unaufhebbaren Widersprüchen* zu tun, von denen in diesen Sätzen die Rede ist. Conrad preist die Tugenden der Arbeit, der Treue, der Gemeinschaft und zweifelt doch an ihrem Wert; er setzt auf die Kraft der Phantasie, läßt seine Helden aber gerade an ihrer Phantasie scheitern; er rühmt Gelassenheit und skeptische Distanz, kann seine innere Anteilnahme am Schicksal seiner Personen aber nie verbergen. Widersprüchlich erscheint nicht zuletzt die Form seiner Romane, das Erzählen selbst. Neben dem kühnen erzähltechnischen Experiment und dem scheinbaren Verwirrspiel mit Raum und Zeit stehen die einfach erzählte Handlung, die Lust an der Beschreibung und die bisweilen trivial wirkende Romanze. Als Erzähler konnte Conrad die Spannung gegensätzlicher Standpunkte nicht nur ertragen, sondern spürte ihr nach; in den Figuren und in der Form seiner Romane gab er ihr Gestalt. Diese Gabe erklärt wohl die zum Teil sehr unterschiedlichen Deutungen, die seine Werke erfahren haben, und macht verständlich, warum seine Stellung in der Geschichte der englischen Literatur noch heute umstritten ist: dem einen gilt er als ein Vertreter der Moderne, für den anderen ist er ganz in den Wertvorstellungen der viktorianischen Zeit befangen. Wie wir sein literarisches Schaffen einzuordnen haben, können wir freilich erst nach einer genaueren Betrachtung einzelner seiner großen Romane entscheiden.

Im Oktober 1898 bezogen die Conrads Pent Farm, ein unweit des Städtchens Hythe im Südosten der Grafschaft Kent gelegenes älteres Haus, das vor ihnen der junge Schriftsteller Ford Madox Ford bewohnt hatte. Damit begann eine außerordentlich fruchtbare Phase im Schaffen des Erzählers. An ihrem Anfang steht die Erzählung *Herz der Finsternis* (1899), an ihrem Ende der Roman *Mit den Augen des Westens* (*Under Western Eyes*, 1911). Dazwischen liegen die Romane *Lord Jim* (1900), *Nostromo* (1904) und *Der Geheimagent* (*The Secret Agent*, 1907) sowie zahlreiche kürzere Geschichten und die beiden Erinnerungsbände

Pent Farm

Spiegel der See (1906) und *Über mich selbst* (1908, 1912). Es sind die Jahre, in denen Conrads Darstellungskunst nach übereinstimmender Meinung der Kritik ihren Höhepunkt erreicht. Freilich blieb er immer noch ein vom breiten Publikum weithin ungelesener Autor; öffentlicher Ruhm und damit ein gewisser finanzieller Erfolg stellten sich erst später ein, als seine erzählerische Kraft bereits zu versiegen begann.

An seiner Arbeitsweise änderte sich wenig. Langen Perioden qualvollen Zweifelns und lähmender Unproduktivität folgten äußerst konzentrierte Arbeitsphasen, die wiederum neue Krisen nach sich zogen. Die Erzählung *Herz der Finsternis* schrieb Conrad im Winter 1898/99 in gerade zwei Monaten nieder; vorausgegangen war eine Zeit von fast zwei Jahren, in denen er zwar mit verschiedenen Stoffen beschäftigt war, aber kaum eine größere Arbeit hatte abschließen können. Typisch ist die Entstehungsgeschichte des Romans *Lord Jim*. Conrad hatte ihn schon vor *Herz der Finsternis* begonnen, das Manuskript aber zunächst beiseite gelegt. Im Februar 1899, als *Herz der Finsternis* eben beendet war, griff er den Stoff wieder auf. Damals glaubte er noch, die neue Erzählung – nur an eine solche hatte er gedacht – in kurzer Zeit fertigstellen zu können, doch wie so oft wuchs sie sich unter der Hand aus. Im Oktober 1899 erschien die erste Fortsetzung in «Blackwood's Magazine», aber erst im Juli des nächsten Jahres konnte Conrad in einem Brief an Galsworthy berichten: *Das Ende von L[ord] J[im] ist geschafft, in einem stetigen Zug von 21 Stunden. Ich habe Frau und Kind aus dem Haus geschickt (nach London) und mich morgens um 9 Uhr hingesetzt, verzweifelt dazu entschlossen, die Sache abzuschließen. Dann und wann machte ich einen Gang ums Haus, aus der einen Tür hinaus und durch die andere herein. Zehn-Minuten-Mahlzeiten. Tiefe Stille. Zigarettenkippen wuchsen zu einem Hügel ähnlich dem Steinhaufen über einem toten Helden. Der Mond ging über der Scheune auf, guckte zum Fenster herein und stieg außer Sichtweite. Der Morgen dämmerte, wurde heller. Ich löschte die Lampe aus und machte weiter; die Morgenbrise wehte die Manuskriptseiten überall im Zimmer herum. Die Sonne ging auf. Ich schrieb das letzte Wort und ging ins Eßzimmer. Sechs Uhr. Ich teilte mir einen Knochen mit Escamillo* (dem Hund der Conrads, benannt nach der Figur aus des Autors Lieblingsoper «Carmen») ... *Fühlte mich wohl, nur müde: nahm um sieben ein Bad und war um halb neun auf dem Weg nach London.*[160] Conrad hatte äußerst intensiv und unter dem ständigen Druck gearbeitet, zu bestimmten Terminen neue Fortsetzungen liefern zu müssen. Aus den zunächst vorgesehenen zwei Monaten waren fast 1 ½ Jahre, aus der geplanten Erzählung ein umfangreicher Roman mit nicht weniger als 45 Kapiteln geworden.

Auch *Nostromo*, seinen vielleicht kompliziertesten und künstlerisch anspruchsvollsten Roman, begann Conrad in der Absicht, eine Erzählung zu schreiben; tatsächlich brauchte er fast zwei Jahre, um das Manuskript abzuschließen, Jahre größter Qualen und tiefster Verzweiflung, wie Briefe aus der Entstehungszeit belegen: *Ich sehe nichts, ich lese nichts. Es ist wie in einem Grab, das zugleich die Hölle ist, wo man schreiben, schreiben, schreiben muß.*[161] Von den Romanen, die zwischen 1898 und 1910 entstanden, gelang ihm nur *Der Geheimagent* vergleichsweise leicht. *Mit den Augen des Westens* dagegen kostete ihn so viel Kraft, daß er nach Beendigung der Arbeit völlig zusammenbrach und Monate brauchte, um sich zu erholen. Auch diese beiden Romane waren ursprünglich als kürzere Erzählungen geplant. Welchen Anspruch Conrad an sich selbst stellte, zeigt ein Brief, den er an einen jungen Schriftsteller richtete: *Sie müssen jede Empfindung, jeden Gedanken, jedes Bild aus sich herauspressen, unbarmherzig, ohne Einschränkung und ohne Reue; Sie müssen die dunkelsten Ecken Ihres Herzens, die entferntesten Winkel Ihres Gehirns durchsuchen, Sie müssen sie nach dem Bild... nach dem richtigen Ausdruck durchsuchen. Und das müssen Sie ernsthaft tun, ohne Rücksicht auf die Kosten, das müssen Sie in einer Weise tun, daß Sie am Ende Ihrer täglichen Arbeit erschöpft sind, bar aller Empfindung und aller Gedanken, mit leerem Kopf und schmerzendem Herzen, mit dem Gefühl, daß nichts, aber auch nichts mehr in Ihnen ist.*[162]

Doch wir dürfen uns die Jahre, in denen die großen Werke entstanden,

H. G. Wells und Conrad, um 1902

nicht nur als eine Zeit permanenter Krisen und ständiger seelischer Not vorstellen. Im Jahre 1905 unternahm Conrad gemeinsam mit seiner Familie eine Reise nach Capri; im darauffolgenden Jahr hielten sich die Conrads mehrere Monate lang zunächst in Montpellier, dann in Genf auf. Nach London fuhr der Autor regelmäßig, bisweilen verbrachte er auch längere Aufenthalte dort. Er konnte durchaus gesellig sein und liebte das Gespräch über seine literarische Arbeit, über weltanschauliche Fragen, über Moral und Politik, Philosophie und Geschichte.

Seine Gabe zur Freundschaft war groß und seine Loyalität einem einmal gewonnenen Freund gegenüber kaum zu erschüttern. Eine seiner engsten Freundschaften war jene mit John Galsworthy – Conrads zweiter Sohn John, der im August 1906 geboren wurde, trägt den Namen des Freundes. In Pent Farm lebte der Erzähler in fast unmittelbarer Nachbarschaft und in engem Kontakt mit zahlreichen anderen großen Schriftstellern seiner Zeit. Henry James wohnte in Rye, kaum 20 Kilometer entfernt; H. G. Wells in Sandgate, so nahe, daß Conrad ihm gelegentlich schreiben konnte: *Ich wollte nur auf einen Sprung vorbeischauen, um zu hören, wie es Ihnen geht.*[163] Man besuchte einander, unternahm gemeinsame Ausflüge, diskutierte Fragen der Literatur und tauschte die neuesten Arbeiten aus. *Lassen Sie uns über Bücher reden*, sagte Conrad zu André Gide, den er im Jahre 1911 kennenlernte und der Geschichten über die See von ihm hören wollte.[164] Gide wurde ein guter Freund, der viel für die Aufnahme Conrads in Frankreich tat und selbst die Erzählung

Henry James

Taifun ins Französische übertrug. Ein Brief von Henry James über *Lord Jim* versetzte Conrad in helle Begeisterung: *Ein Trunk aus dem Brunnen ewiger Jugend*, schrieb er an Garnett.[165] James blieb für ihn zeit seines Lebens *der verehrte Meister*, dem er mit größtem Respekt begegnete. Mit Nachdruck verteidigte er ihn gegen den Vorwurf, daß seine technische Perfektion «kalt» und «herzlos» sei. Seine erzählerische Technik habe *eine Wärme, die von innen kommt... Natürlich handelt er nicht von primitiven Gefühlen. Ich behaupte, daß er der zivilisierteste unter den modernen Autoren ist ... Sein Herz zeigt sich in der Feinheit seiner Darstellung... Um so mehr, als er nur zarteste Gefühlsregungen ausdrückt.*[166] In einem im Jahre 1905 erschienenen Essay würdigte er James ausführlich als einen *Geschichtsschreiber der zarten und edlen Gewissen* (*the historian of fine consciences*)[167], und nach James' Tod faßte er ihre Verbindung in herzlichen Worten zusammen: *... in unseren privaten Beziehungen war er immer warm und anerkennend und voll gleichbleibender Güte. Ich empfand eine tiefe Zuneigung zu ihm. Er wußte von ihr und akzeptierte sie wie etwas, was zu besitzen sich lohnt. Das jedenfalls ist mein Eindruck. Und er* *war kein Mann, der sich verstellte. Warum sollte er – selbst wenn er dazu fähig gewesen wäre?*[168]

Besonders eng war das Verhältnis zu R. B. Cunninghame Graham, dem seinerzeit berühmten schottischen Politiker, Abenteurer und Schriftsteller, der wegen seiner sozialistischen Überzeugungen von vielen Seiten angefeindet wurde. Trotz ihrer unterschiedlichen politischen Einstellung begegneten sich die beiden Männer offen und in gegenseitiger Sympathie. «Wenn sie zusammen waren, schienen sie jünger zu werden», beobachtete ein gemeinsamer Bekannter[169], und Conrad schrieb an Graham: *Ich habe immer empfunden, daß es gewisse Dinge gibt, die ich nur Ihnen sagen kann, weil die Spannweite Ihrer Gefühle größer und Ihr Geist unabhängiger ist als der irgendeines Menschen, den ich kenne.*[170] Dem Sozialisten, der nicht müde wurde, sich für einen guten Zweck einzusetzen, bekannte er: *Ich hege eine tiefere Sympathie für Sie, als Worte es zu sagen vermögen... Und manchmal erscheinen Sie mir tragisch mit Ihrem Mut, Ihrem*

R. B. Cunninghame Graham

Stephen Crane

Glauben und Ihren Hoffnungen... Sie sind irregeleitet von dem Wunsch nach dem Unmöglichen – und ich beneide Sie.[171]

Eine ähnlich herzliche Beziehung bestand zwischen Conrad und Stephen Crane. Crane verbrachte die letzten Jahre seines Lebens in Brede Place, von Conrads Haus mit Pferd und Wagen in wenigen Stunden zu erreichen. Ihre Freundschaft war spontan, ihre Zuneigung gegenseitig, trotz der Verschiedenartigkeit ihrer Temperamente und Lebensumstände, ungeachtet auch des erheblichen Altersunterschieds, der sie trennte – als sie sich kennenlernten war Crane 25, Conrad fast 40 Jahre alt. Als glänzender Zeitungsreporter und als Autor von «The Red Badge of Courage» hatte Crane in Amerika frühen Ruhm geerntet. Er war ein Bohemien, lebte mit einer ehemaligen Nachtclubbesitzerin zusammen, trank und war stets auf der Suche nach dem großen Abenteuer. In England gab er sich bisweilen als Cowboy, bisweilen als englischer Landadliger. *Er ist eigenartig verzweifelt... Ich mag ihn*, schrieb Conrad.[172] Das erste Treffen der beiden kam auf Cranes Wunsch zustande – er wollte den Verfasser des *Nigger von der «Narzissus»* kennenlernen. «Hatten wir nicht ein gutes Palaver in London?» fragte er wenige Wochen später und fuhr dann fort: «Die einfache Darstellung des Todes von Waite [sic!] ist zu gut, zu schrecklich. Ich wollte sie sofort vergessen. Sie hat mich mitgenommen... Es war schrecklich wie das Gewicht eines wirklichen und gegenwärtigen Todes.»[173] Conrad schrieb zurück: *Wenn ich mich des Buches wegen niedergeschlagen fühle, sage ich mir: «Crane mag das verdammte Ding» – und bin getröstet.*[174] Aus seinen weiteren Briefen spricht eine ehrliche Begeisterung für das Werk und die Person des jüngeren Mannes: *Ihr Temperament läßt alte Dinge neu und neue Dinge erstaunlich erscheinen. Ich möchte Sie verfluchen, segnen, vielleicht erschießen, aber lieber bin ich Ihr Freund. Sie überraschen einen ständig. Sie schockieren, und im nächsten Augenblick vermitteln Sie einem vollkommene künstlerische Befriedigung. Ihre Methode ist faszinierend. Sie sind ein perfekter Impressionist.*[175] Diese letzte Bemerkung war freilich – bei aller Anerkennung – nicht nur lobend gemeint. Conrad vermißte bei Crane den *tiefer gehenden Gedanken*[176]; seine Skepsis gegenüber dem Programm eines literarischen Impressionismus wird auch in anderen Äußerungen deutlich. Der Freundschaft für Crane tat solche Reserve jedoch keinen Abbruch. Häufige, zum Teil mehrwöchige Besuche im Haus des Freundes, die rührende Sorge um das gegenseitige finanzielle Wohl – noch kurz vor seinem Tod bat Crane einen Bekannten, sich um Conrad zu kümmern, denn er sei «arm, ein Gentleman und stolz»[177] –, der warme Ton, in dem Conrad stets von dem jungen Amerikaner sprach, all dies beweist, wie nahe die beiden Autoren einander standen. Ob Conrad in Crane auch ein Stück seiner eigenen Jugend gesehen hat? Sicherlich galt seine Zuneigung nicht allein dem Künstler Stephen Crane, sondern ebenso dem Abenteurer, der sich kühn über alle Konventionen hinwegsetzte.

Besondere Erwähnung verdient schließlich die Beziehung Conrads zu Ford Madox Ford. Conrad war dem damals knapp fünfundzwanzigjährigen Ford im September 1898 zum erstenmal im Haus Edward Garnetts begegnet. Ford, der Sohn eines deutschen Emigranten – er hieß eigentlich Ford Hermann Hueffer –, war eine schillernde Figur; er hatte bereits mehrere Prosabände veröffentlicht und wurde später besonders als der Verfasser des Romans «The Good Soldier» bekannt. Schon bald nach der ersten Begegnung kamen die beiden Autoren überein, den Roman «Seraphina», den Ford kurz zuvor begonnen hatte, gemeinsam fertigzustellen, in der Hoffnung, daß der Name Conrads auf dem Titelblatt ihm rasch einen Verleger sichern würde. Tatsächlich dauerte es fast fünf Jahre, bis der Roman – inzwischen trug er den Titel *Romance* – unter ihrer beider Namen erschien. Aus der Zusammenarbeit gingen weiterhin der Roman *The Inheritors* sowie die Erzählung *The Nature of a Crime* hervor.

In der Forschung sieht man die Bedeutung der Freundschaft mit Ford indessen weniger in den gemeinsam produzierten Werken (ähnliche Formen der Kooperation gab es um die Jahrhundertwende in der englischen Literatur nicht selten) als in der psychologischen Unterstützung, die der Umgang mit Ford Conrad gewährte. «In den Jahren zwischen 1898 und

Ford Madox Ford

1909», schrieb Ford, «lebten wir zusammen, tagaus, tagein... und noch gegen Ende [dieser Zeit] konnte [Conrad] kaum ohne mich auskommen.»[178] Die Behauptung ist nicht wörtlich zu nehmen, wie vieles, was Ford über Conrad geschrieben hat, aber daß die Beziehung zwischen den beiden über viele Jahre hinweg außerordentlich eng und vertraut war, daß sie sich häufig sahen und einen regen Gedankenaustausch pflegten, steht außer Frage. Dabei scheint Ford in erster Linie ein Gesprächspartner gewesen zu sein, den Conrad brauchte, ein geduldiger Zuhörer, der zum richtigen Zeitpunkt die richtigen Fragen stellte. In dieser Rolle haben wir ihn uns bei der Entstehung der Bücher *Über mich selbst* und *Spiegel der See* zu denken – selbst Jessie Conrad bekannte, daß das letztere Buch «niemals entstanden wäre, hätte Joseph Conrad nicht einen intelligenten Menschen gehabt, mit dem er über diese persönlichen Reminiszenzen hätte sprechen können»[179]. Zum Teil freilich gingen Fords Dienste weiter. Seine Gegenwart und seine Hilfe beim Korrekturlesen nahmen Conrad die Sorge vor Fehlern in der englischen Sprache, er stand für Diktate zur Verfügung, kopierte Dialoge, gab Anregungen für Episoden eines

Romans oder einer Erzählung, und mindestens einmal steuerte er fast ein ganzes Kapitel zu einem Roman bei – das fünfte Kapitel aus dem zweiten Buch von Nostromo stammt überwiegend aus seiner Feder. *Im schlimmsten Falle steht H. [Ford] im Hintergrund*[180], ließ Conrad damals seinen literarischen Agenten wissen, und schon dieses Bewußtsein scheint ihn gestärkt zu haben.

In Conrads Umgebung stieß die Partnerschaft überwiegend auf Ablehnung und Kritik. Henry James verglich sie mit «einem schlechten Traum, den man beim Frühstück erzählt»[181], H. G. Wells fürchtete, daß Ford Conrads Stil ruinieren könne. Auch Garnett war skeptisch, vor allem aber lehnte Conrads Frau Ford entschieden ab; aus ihrer Abneigung gegen ihn machte sie nie einen Hehl. Conrads eigene Äußerungen über Ford sind nicht eindeutig. Bisweilen konnte er abfällig über den Freund sprechen, zumeist aber verteidigte er ihn, wenngleich aus einer gewissen Distanz heraus. So schrieb er an Wells: *Ford... ist eine Art lebenslange Angewohnheit, deren ich mich nicht schäme, weil er ein viel besserer Kerl ist, als es die Welt ihm zugesteht.*[182] Zeitweilig litt das Verhältnis zwischen den beiden unter erheblichen Spannungen, aber selbst nachdem sich die Freundschaft im Jahre 1909 gelockert hatte, blieb ein freundlicher Kontakt bestehen.

Joseph Conrads Verhältnis zu Ford ähnelte im Kern anderen seiner Freundschaften. Er brauchte Fords Zuspruch und Bestätigung, so wie er sie etwa auch von Edward Garnett, John Galsworthy und in seinen späteren Jahren von einer Reihe von jüngeren Freunden erhielt, von dem Kritiker Richard Curle, dem amerikanischen Literaten Warrington Dawson oder auch von Gerard Jean-Aubry, seinem ersten Biographen. Der menschliche Gewinn – auch dies zeigt das Beispiel Fords – lag dabei nicht nur auf seiten Conrads. Die Zuneigung, die er dem anderen schenkte, die Offenheit und Großzügigkeit, mit denen er sein Wissen und seine Gedanken mitteilte, waren eine Form der Belohnung, die die meisten seiner Freunde dankbar akzeptierten.

Die Darstellung der Außenwelt

Da ich in einem Leben auf See und unter dessen eigentümlichen Bedingungen herangereift bin, hänge ich ganz besonders an diesem Teil meiner Vergangenheit, heißt es in *Über mich selbst*.[183] Doch obwohl Conrad der See *mit fast kindlicher Liebe*[184] zugetan war, reagierte er heftig, wenn er, was häufig geschah, als ein «Erzähler der See» abgestempelt wurde. *Bitte versuche, die verdammte See draußen vor zu lassen*, bat er einen Freund, der einen Aufsatz über ihn verfaßte[185], und noch kurz vor seinem Tod klagte er über *diesen infernalischen Schweif von Schiffen und diese fixe Idee von meinem Leben zur See*, die seinen Ruf als Schriftsteller einseitig festleg-

Aus Carol Reeds Verfilmung von «Der Verdammte der Inseln», 1952

ten.[186] *Tatsächlich läuft die Art meines Schreibens Gefahr, von der Art meines Stoffes verdunkelt zu werden*, schrieb er und empörte sich über die Kritiker, die ihn am liebsten *in die Mitte des Ozeans verbannt hätten*.[187] Es schmerzte ihn, daß er häufig in einem Atemzug mit Cooper, Marryat, Stevenson oder Kipling genannt wurde, auch wenn er diese Autoren – besonders Cooper und Marryat – durchaus respektierte.

Joseph Conrads Klagen sind verständlich. Umgekehrt war das Urteil der Kritik so abwegig nicht, denn in vielen seiner Bücher spiegeln sich seine Erfahrungen auf See und in fernen, exotischen Ländern. Von der bürgerlichen Welt Englands dagegen schreibt Conrad fast nie. Auch in seinen späteren Romanen bevorzugt er Stoffe und Schauplätze, die auf die meisten seiner Leser eher fremd wirken dürften. Der Grund liegt auf der Hand. Conrad kannte die «fremde» Welt aus eigener Anschauung; wo dies nicht der Fall war, konnte sich seine Einbildungskraft ihrer leichter bemächtigen als jener des englischen Bürgertums, in die er nur wenig Einblick genommen hatte und die ihn eigentlich zu keiner Zeit interessierte. Vielleicht kann man sogar sagen, daß er sich, auf Grund der besonderen Bedingungen seiner Existenz, in seiner literarischen Phantasie in einer fremden, nicht-bürgerlichen Welt sicherer und vertrauter fühlte als im England seiner Zeit und Umgebung. Für Marryat, Kipling oder Stevenson, aber auch für Cooper galten andere Voraussetzungen, und schon deshalb mußte es ihn irritieren, so oft mit diesen Autoren verglichen zu werden.

In welchem Maß Conrads eigene Erfahrungen nicht nur für die Wahl seiner Schauplätze, sondern auch für deren Gestaltung bestimmend waren, ist schwer zu entscheiden. Auffällig ist indessen die Weiträumigkeit der von ihm dargestellten Welt. In seiner Phantasie verfügte Conrad nicht nur über die Meere der Erde, sondern ließ, wie in *Nostromo* oder, in kleinerem Umfang, in *Lord Jim*, ganze Staatsgebilde entstehen; in *Der Geheimagent* bildet die Großstadt London den Hintergrund des Geschehens; in *Mit den Augen des Westens* beschreibt er das gewaltige russische Reich und stellt es dem westlichen Europa gegenüber.

Diese großen räumlichen Entwürfe werden oft in entsprechend weit gefaßten historischen Dimensionen gesehen. In *Herz der Finsternis* schlägt der Erzähler Marlow einen kühnen Bogen von der Eroberung Englands durch die Römer zu seinen eigenen Erlebnissen im Kongo. In der Themsemündung auf einem Boot vor Anker liegend, malt er seinen Zuhörern aus, wie es war in den *frühen Zeiten, als die Römer erstmals hierherkamen, vor neunzehnhundert Jahren – gestern also...* Kurz zuvor heißt es: *Und freilich ist einem Mann, der...Seemann war mit Leib und Seele, nichts leichter, als auf dem Unterlauf der Themse den großen Geist der Vergangenheit zu beschwören. Der Gezeitenstrom wechselt hin und her in unaufhörlicher Dienstbarkeit, beladen mit Erinnerungen an Menschen und Schiffe, die er zur Ruhe in die Heimat oder zum Getümmel der Seeschlachten hinausgetragen hat. Alle Männer, auf die die Nation stolz ist, er gekannt, und allen gedient, von Sir Francis Drake bis zu Sir John Franklin... All die Schiffe hat er getragen, deren Namen wie Juwelen aufleuchten in der Nacht der Zeiten, von der «Golden Hind», die zurückkehrte – die bauchigen Schiffswände voller Schätze – ... bis zur «Erebos» und «Terror», die zu anderen Eroberungen auszogen – und die nie zurückkehrten. Er hat die Schiffe und die Männer gekannt... Welche Größe trieb nicht mit der Ebbe jenes Flusses in das Rätsel einer unbekannten Welt hinaus!... Die Träume der Menschen, der Same von Nationen, der Keim zu Weltreichen.*[188]

Wie hier die Themse wird in *Nostromo* der *schneebedeckte Higuerota*, ein Berggipfel der Kordilleren, als stummer Zeuge menschlicher Geschäftigkeit geschildert. Die Handlung des Romans vollzieht sich in seinem Schatten, an der Küste des Golfo Placido. Conrads Beschreibung verleiht dem Raum legendäre, fast magische Züge: *Zur Nachtzeit bedeckt eine höher am Himmel heraufziehende Wolkenbank den ganzen stillen Golf mit einer undurchdringlichen Dunkelheit, in welcher das bald hier, bald dort unvermutet einsetzende und wieder verstummende Rauschen niedergehender Regenschauer zu hören ist. In der Tat sind diese wolkigen Nächte sprichwörtlich bei den Seeleuten entlang der Westküste des großen Kontinents. Himmel, Land und Meer verschwinden samt und sonders von*

1904

der Erdoberfläche, wenn der Placido – wie es heißt – sich schlafen legt unter seinen schwarzen Poncho ... In solcher Ödnis treibt einem das Schiff unter den Füßen unbemerkt dahin, und man sieht die Segel nicht, die über einem flattern. Selbst das Auge Gottes – so fügen sie mit finsterer Lästerung hinzu – könnte nicht ausmachen, was eines Menschen Hand dort unten tut; und es stünde einem frei, sich ungestraft der Hilfe des Teufels zu bedienen, würde nicht sogar dessen Bosheit von so schwarzer Dunkelheit besiegt.[189] In der Dunkelheit des Golfs wird Nostromo, der Titelheld des Romans, später zum Dieb.

Von der Kritik ist Conrads Darstellungsweise oft dem literarischen Impressionismus zugeordnet worden. Ob er selbst solcher Klassifizierung zugestimmt hätte, ist fraglich; sein bereits zitiertes Urteil über den «Impressionisten» Stephen Crane läßt anderes vermuten. Nicht verleugnet hätte er indessen die stark sinnenbezogene Komponente seiner Darstellung. Dabei erfolgt die Wahrnehmung der gegenständlichen Welt keineswegs ausschließlich über das Auge; im Gegenteil, kennzeichnend sind gerade die häufigen Synästhesien und die Vielfalt der vergegenwärtigten sinnlichen Eindrücke. Am Ende der Erzählung *Jugend* heißt es: *Und so nun sehe ich den Osten...: einen hohen Gebirgszug, blau und in weiter Ferne – am Morgen; ein leichter Dunst – am Mittag; eine gezackte Purpurwand – bei Sonnenuntergang. Ich habe noch das Gefühl des Steuerriemens in der Hand, das Bild der sengenden blauen See vor Augen. Und ich sehe eine Bucht, eine breite Bucht, glatt wie Glas und blank wie Eis, schimmernd in der Dunkelheit. In der Ferne brennt ein rotes Licht über der Düsternis des Landes, und die Nacht ist weich und warm. Mit schmerzenden Armen ziehen wir an den Riemen, und plötzlich dringt ein Windstoß, ein sanfter und lauer Windstoß, beladen mit sonderbaren Düften von Blüten, von aromatischen Hölzern, aus der stillen Nacht – der erste Hauch des Ostens, der über mein Gesicht streicht. Das werde ich nie vergessen. Es war unfaßbar und betörend wie ein Zauber, wie eine geflüsterte Verheißung geheimnisvoller Freuden.*[190] Die Welt, so scheint es, bemächtigt sich des Menschen, dringt auf seine Sinne ein und nimmt ihn gefangen – diese subjektive Erfahrung eher als die tatsächliche Beschaffenheit einer bestimmten Landschaft steht im Vordergrund der Darstellung. In *Herz der Finsternis* beschreibt Marlow die Vegetation an beiden Ufern des Kongoflusses: *Die hohe Wand des Pflanzenwuchses, eine strotzende und ineinander verflochtene Masse von Stämmen, Ästen, Blättern, Zweigen, Rankenwerk, die da reglos im Mondlicht stand, wirkte wie ein tobender Überfall geräuschlosen Lebens, eine heranrollende Woge aus Pflanzen, hochaufgetürmt und bereit... jedes von uns kleinen Menschenwesen aus seinem kleinen Dasein zu fegen. Und sie rührte sich nicht.*[191] Ganz anders als in Conrads Tagebuch, dessen Eintragungen, wie man sich erinnert, durch eine klare, vernunftbetonte Haltung bestimmt sind, vermittelt die Erzählung vor allem das Gefühl der Bedrückung und Ratlosigkeit, der Unsicherheit angesichts der Fülle der Natur, die der Mensch nicht zu überschauen vermag.

Breiten Raum nimmt die Schilderung atmosphärischer Bedingungen ein. Stille und Verlassenheit, diffuses Licht, Dunkelheit, schwüle Hitze und drückender Nebel sind, neben der Gewalt der üppigen Vegetation, die Gegebenheiten, die häufig erwähnt werden. *Die Stromstrecken öffneten sich vor uns und schlossen sich wieder hinter uns, als hätte sich der Wald lässig über das Wasser geschoben, um uns den Rückweg abzuschneiden*[192], heißt es einmal; das Gefühl, der Wildnis ausgeliefert und ihr Gefangener gewesen zu sein, verläßt den Erzähler selten. Ähnliche Passagen gibt es in *Lord Jim*. Ob an Land oder auf See, angesichts der von Conrad beschworenen *Unermeßlichkeit*, in die sich der beschriebene Raum ausweitet, wird dem Menschen seine Kleinheit bewußt: *So gingen die Tage dahin, lautlos, heiß, schwer, einer nach dem anderen in die Vergangenheit sinkend wie in einen Abgrund, der sich ewig im Kielwasser des Schiffes auftat; und einsam unter seiner Rauchfahne hielt das Schiff seinen steten Kurs, schwarz und schwelend in der strahlenden Unermeßlichkeit, als würde es von einer Flamme aufgezehrt, die erbarmungslos vom Himmel auf es übersprungen war.*[193]

Der Eindruck einer verwirrenden Fülle von Erscheinungen, die den einzelnen bedrängen und ihn seiner Orientierung berauben, entsteht auch in den Romanen, die in einer überwiegend städtischen Umgebung angesiedelt sind. In *Der Geheimagent* etwa ist die Stadt London durchweg in Dunkelheit gehüllt, ihre Straßen erscheinen als ein unübersichtliches Gewirr von Gassen, die Bevölkerung als eine riesige, anonyme Masse.

Aus Alfred Hitchcocks Film «Sabotage» (1936), nach «Der Geheimagent»

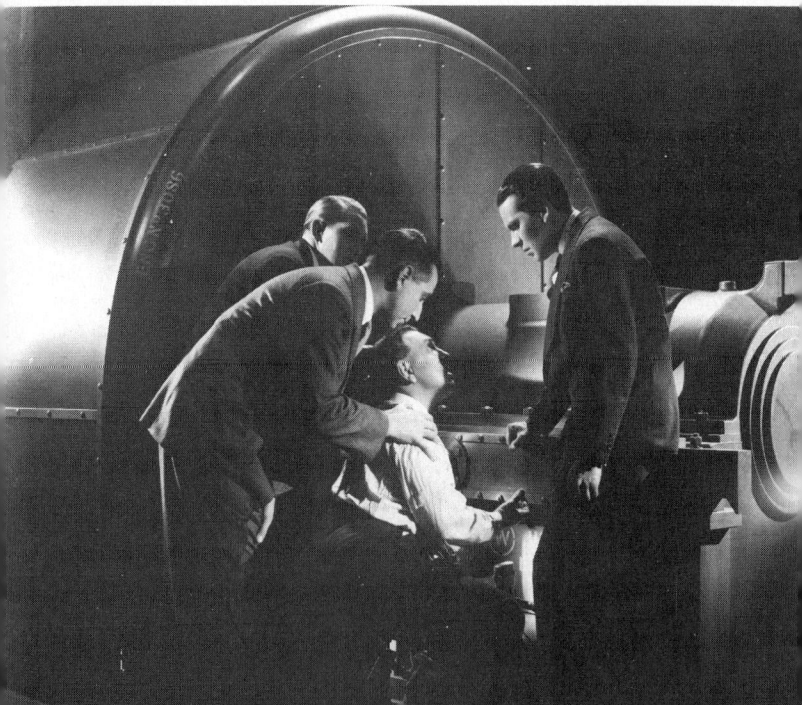

Die Charaktere erleben die Stadt als Bedrohung: *Er trat... in eine Unendlichkeit von fettigem Schlamm und feuchtem Putz hinaus, in der hier und dort Lampen aufragten und die eingehüllt, niedergedrückt, durchtränkt, gewürgt und erstickt wurde von der Schwärze der feuchten, aus Ruß und Wassertropfen bestehenden Londoner Nacht... Quer über eine breite Straße hinweg fiel der festlich-grelle, unheilverkündende Lichtschein eines großen, florierenden Gasthauses... Diese Barrikade aus blendender Helligkeit... schien die auf der Straße herrschende Dunkelheit auf sich selbst zurückzuwerfen, sie noch feindseliger, unheilvoller und drohender zu machen.*[194] Conrad bietet eine Fülle stilistischer Mittel auf, um die Wirkung der Außenwelt auf den Menschen zu betonen – er läßt Licht und Dunkelheit Substanz gewinnen und Geräusche und Gerüche fast mit den Händen greifbar werden, häuft beschreibende Attribute oder reiht ganze Wortketten aneinander, wenn ihm ein einzelnes Verb nicht genügt. Das sich derart verselbständigende Leben der Umwelt demonstriert auf eindringliche Weise die wiederholt erwähnte Musik eines mechanischen Klaviers. Während zwei Anarchisten sich über die Folgen eines fehlgeschlagenen Attentats unterhalten, spielt es unvermittelt eine Melodie, *mit aggressiver Virtuosität*, wie es heißt, *und mit frechem Ungestüm, so als ob sich ein vulgäres, schamloses Gespenst auf dem Instrument produzierte.*[195]

Wie die Zitate zeigen, geht die Wirkung der gegenständlichen Welt oftmals weit über den unmittelbaren sinnlichen Eindruck hinaus. Dies wird noch deutlicher an solchen Stellen, an denen Conrad der Außenwelt geradezu dämonische Züge verleiht – wie etwa in *Herz der Finsternis*, wo die Wildnis durchweg als selbständig handelndes, von einem eigenen Willen bestimmtes Wesen apostrophiert wird. So spricht Marlow von *dem schweren, stummen Bann der Wildnis*, die Kurtz *an ihre erbarmungslose Brust zu ziehen schien*, von einem *Ding, das ungeheuer... war* und *fürchterliche Rache an ihm genommen* hatte, *von einer unversöhnlichen Macht, die über einer unerforschlichen Absicht brütete. Die Wildnis hatte ihm den Schädel getätschelt*, heißt es weiter, *sie hatte ihn gestrichelt, und ... er war verwelkt; sie hatte Besitz von ihm ergriffen, ihn geliebt, ihn umarmt, war in seine Adern eingedrungen, hatte sein Fleisch aufgezehrt und seine Seele an die ihre geschmiedet mit Hilfe der unvorstellbaren Riten einer teuflischen Initiation. Er war ihr verwöhnter, verzärtelter Liebling.*[196] In ähnlicher Weise personifiziert Conrad die See, die den Menschen lockt, ihn prüft und verführt in ihrer *unermeßlichen Gewalt und dem grenzenlosen Grimm... der bis zur Erschöpfung geht, der sich aber nie beschwichtigen läßt*, wie es in der Erzählung *Taifun* heißt.[197] In *Der Geheimagent* erscheint die Stadt London, diese *riesenhafte Stadt... wie ein Ungeheuer auf einem Teppich aus Schmutz unter einem Schleier von feuchtkaltem Nebel*[198], in *Nostromo* schließlich übernimmt die Silbermine von San Tomé eine ganz ähnliche Rolle wie die Wildnis und das Elfenbein in *Herz der Finsternis*. Sie nimmt den Menschen gefangen und macht ihn zu ihrem

Sklaven, *seelenloser als jeder Tyrann, erbarmungsloser und selbstherrlicher als das schlimmste Staatsregiment.*[199]

Welchen Eigenschaften die gegenständliche Welt ihre so häufig Unheil und Verderben bringende Kraft verdankt, wird im Grunde nie recht deutlich. Man möchte vermuten, daß ihre Wirkung vor allem auf den moralischen Schwächen der Charaktere beruht, die ihr begegnen, insbesondere auf deren Haltlosigkeit, wenn sie auf sich allein gestellt sind. Hierzu paßt es, wenn Marlow eine Gegenkraft gegen den zerstörerischen Einfluß der Wildnis in den Pflichten der Seemannschaft, in der täglichen Routine an Bord seines kleinen Dampfschiffs oder in den Nieten findet, mit denen er einen Schaden an seinem Schiff repariert – die überschaubare, geordnete, mechanische Tätigkeit dient ihm als Stütze in einer ihm fremden, unheimlichen Umgebung. In *Nostromo* bildet der Salon Emilia Goulds, einer der relativ wenigen näher beschriebenen Innenräume Conrads, eine Art Ruhezone, geprägt vom Wesen der Hausherrin, die es versteht, mit Menschen umzugehen, und durch deren Wirken die zügellosen Kräfte in ihrer Umgebung zumindest zeitweise gebannt werden. Die vom Menschen gewollte Ordnung stellt Conrad auch in vielen Seegeschichten dem Chaos des wie von Urgewalten aufgewühlten Meeres entgegen, erinnert aber zumeist gleichzeitig daran, wie vorläufig und zerbrechlich solche Ordnung ist.

Die von Conrad dargestellte Außenwelt ist gewöhnlich von starker sinnlicher Gegenwärtigkeit, aber darin erschöpft sich ihre Bedeutung nicht. Mehr als an den Phänomenen selbst ist der Erzähler an deren Wirkung auf den Menschen interessiert; im Bewußtsein seiner Charaktere existiert die gegenständliche Welt vor allem als eine bedrohliche, nie recht geheure, den einzelnen bedrängende Macht. Das schließt Momente der Freude über diesen oder jenen Aspekt der Umwelt nicht aus, häufiger als diese sind aber Gefühle der Angst, des Schreckens oder auch schlichten Widerwillens. Abstrahiert man von den einzelnen Texten und deren Besonderheiten, so erkennt man, daß die sinnliche erfahrbare Welt nur die dünne, sichtbare Schicht einer dem Menschen im übrigen verborgenen Wirklichkeit repräsentiert, in der wilde, urtümliche Kräfte toben. *Wir sind es gewohnt*, heißt es in *Herz der Finsternis* über die Erde, *auf die gefesselte Gestalt eines besiegten Ungeheuers zu blicken; doch hier – hier blickte man auf ein Ding, das ungeheuer und in Freiheit war.*[200] Dieses *Ungeheuer* scheint nur darauf zu warten, hervorbrechen zu können, endgültig zähmen kann es der Mensch nie. Die sinnliche Wahrnehmung der Welt ist also immer nur eine vorläufige. Wer tiefer sieht, erkennt unter der Oberfläche der Dinge eine Macht, die jederzeit bereit ist, ihn seiner Sicherheit zu berauben und ihn zu zerstören. Um so wichtiger wird es für den Menschen, sein Verhalten an bestimmten Normen auszurichten. Ohne diese ist er verloren.

Wirklichkeitsverständnis und Moralvorstellungen

Wer mich gelesen hat, heißt es in *Über mich selbst,* kennt *meine Überzeugung, daß die Welt, die sichtbare Welt, auf einigen wenigen sehr einfachen Gedanken beruht... Sie beruht vor allem... auf dem Gedanken der Treue.*[201] In der Hierarchie der Conradschen Tugendbegriffe nimmt der *Gedanke der Treue* in der Tat einen hohen Rang ein. Die Treue ist die dem Menschen *innewohnende Kraft*[202], die ihn davor bewahrt, sich zu verlieren; sie bildet den *eigenen, wahren Gehalt*[203] eines Menschen, ohne den er – wie Kurtz – *im Innersten hohl*[204] bleiben muß. Als der Titelheld des Romans *Lord Jim* mit seinem Sprung von Bord der «Patna» die Passagiere, für die er verantwortlich ist, im Stich läßt, ist es, als sei er *in einen Brunnen gesprungen – in einen unendlich tiefen Schlund*[205]. Den Rest seines Lebens verbringt er in dem verzweifelten Versuch, mit seiner Schuld ins Reine zu kommen. In *Mit den Augen des Westens* wird Razumov, der seinen Kommilitonen Haldin an die russische Polizei verraten hat, von schlimmsten Gewissensqualen heimgesucht; er hat sein Leben ruiniert und jeden Anspruch auf Glück verwirkt. Nicht anders ergeht es Nostromo, der mit seinem Silberdiebstahl einen Vertrauensbruch begangen hat und erst auf dem Totenbett Ruhe findet: *Ein Vergehen, ein Verbrechen, ist es erst mal in eines Menschen Dasein eingetreten, frißt dieses auf wie eine bösartige Geschwulst, verzehrt es wie ein Fieber.*[206]

Manche Kritiker haben gemeint, daß Treue und Verrat deswegen so breiten Raum in Conrads Werk beanspruchen, weil er selbst sich mit dem Vorwurf konfrontiert sah, sein Heimatland Polen verraten zu haben. Man hielt ihm vor, nur des materiellen Erfolgs wegen in englischer Sprache zu schreiben, und zieh ihn der Fahnenflucht. Seine Reaktion auf diesen Vorwurf in *Über mich selbst* ist einleitend schon zitiert worden. Zweifellos hat er ihn tief getroffen, und es mag sein, daß er sich auch in Romanen wie *Lord Jim, Der Geheimagent* oder *Mit den Augen des Westens* unbewußt mit ihm auseinandersetzte. Sicher ist, daß er in seiner Phantasie die Vorgänge im Bewußtsein eines Schuldigen äußerst einfühlsam nachvollzogen hat. In eben diesem Bereich liegt auch der Akzent seiner Darstellung: wichtiger als die objektiv feststellbare moralische Verfehlung sind deren subjektive Konsequenzen, wichtiger als die Schuld selbst ist die Art und Weise, in der der einzelne sie bewältigt.

Der Roman *Lord Jim* bietet ein Beispiel. Wie Kurtz in *Herz der Finsternis* ist Jim ein höchst sensibler und phantasiebegabter Mensch, aber eben seine Phantasie macht es ihm schwer, sich in einer Krise zu bewähren. Von Jugend an hat er in dem Glauben gelebt, für eine besondere Aufgabe bestimmt zu sein, doch als sich eine Gelegenheit bietet, außergewöhnlichen Mut zu beweisen, versagt er. Seinem *schattenhaften Tugendideal*[207] kann er erst am Ende des Romans gerecht werden, als er den Tod seines malaiischen Freundes durch seinen eigenen Tod sühnt. Zwar ist das Opfer, das er bringt, nutzlos, dennoch hat er die Sympathie des Erzählers gewonnen. Nicht seine Fehlbarkeit entscheidet also über den Wert eines Menschen, sondern die Haltung, in der er den Traum seines Lebens zu verwirklichen sucht. *«Dem Traum folgen, und abermals dem Traum folgen – und so – in alle Ewigkeit – usque ad finem...»*[208] lautet eine der Maximen, die Marlow von seinem alten Freund Stein (einem der wenigen sympathisch gezeichneten Deutschen im Werk Conrads) mit auf den Weg gegeben wird.

Aus der Verfilmung von «Lord Jim», 1964

Aus der Verfilmung von «Lord Jim», 1964

Joseph Conrads Interesse gilt gewöhnlich allerdings nicht dem Gestrauchelten allein, sondern er fragt darüber hinaus, inwieweit ein moralisches Vergehen auch andere gefährdet. *Die wahre Bedeutung des Verbrechens liegt in dem Bruch von Treu und Glauben, den es in der menschlichen Gemeinschaft bewirkt*[209], heißt es in *Lord Jim*. Entsprechend stellt die *überspannte und unglaubliche Verderbtheit*[210] des Agenten Kurtz in *Herz der Finsternis* in Marlows Augen jegliche Moral in Frage; sie erschüttert die Fundamente, auf denen die menschliche Gemeinschaft ruht, und droht, auch Marlow mit in den Abgrund des moralischen Chaos hinabzuziehen. *Er hatte sich von der Erde losgerissen... Er hatte die Erde in Stücke geschlagen. Er war allein, und ich dort vor ihm wußte nicht mehr, ob ich noch fest auf dem Boden stand oder durch die Luft segelte*[211], sagt Marlow, als er mit Kurtz um dessen Seele ringt. Zuletzt reagiert er erleichtert auf die Worte, die dieser eben vor seinem Tode ausspricht: «*Das Grauen! das Grauen!*»[212] Sie bedeuten einen Triumph des Guten, eine Bestätigung, daß am Ende die Moral gesiegt hat: Sein Ausruf *war eine Bejahung, ein moralischer Sieg, der durch unzählige Niederlagen, durch abscheuliche Schrecken, durch abscheuliche Befriedigungen erkauft wor-*

Marlon Brando als Colonel Kurtz in dem Film «Apocalypse Now», 1979

den war. Doch es war ein Sieg! Das ist es, weshalb ich Kurtz bis zum letzten die Treue hielt...²¹³ Mit seiner späten Einsicht in das Frevelhafte seines Tuns kehrt Kurtz in die menschliche Gemeinschaft zurück und bestätigt, daß das Prinzip der Solidarität allen Anfechtungen zum Trotz gültig geblieben ist.

Ähnliches gilt für den Verräter Razumov, dessen Schuldbekenntnis vor allem dem Wunsch entspringt, die nahezu totale Isolation, in der er sich befindet, aufzuheben. Die Bedeutung menschlicher Solidarität in *Mit den Augen des Westens* wird besonders klar, wenn man den Roman mit Dostojevskijs «Schuld und Sühne» vergleicht, denn man hat den Eindruck, als beziehe Conrad mit der Figur Razumovs bewußt eine Gegenposition zu jener Dostojevskijs: im Unterschied zu Raskolnikov erlebt Razumov keinerlei religiöse Bekehrung; die Gemeinschaft, die ihn am Ende wieder aufnimmt, ist keine Glaubensgemeinschaft, sondern ausschließlich innerweltlich bedingt. Aus seiner Abneigung gegenüber Dostojevskij machte Conrad im übrigen nie einen Hehl, und er ließ kaum eine Gelegenheit aus, sich von ihm zu distanzieren. *Er ist mir zu russisch,* sagte er; «Die Brüder Karamasov» nannte er *ein wildes Gemurmel aus vorgeschichtlicher Zeit.*[214]

Den Gedanken menschlicher Solidarität und der Treue illustriert abermals die Erzählung *Der geheime Teilhaber* (*The Secret Sharer*). Ihren Kern bildet eine Situation, die von fern an die Beziehung zwischen Marlow und Jim erinnert. Ein junger Kapitän gewährt dem Maat eines anderen Schiffes, der – ohne Absicht – einen Menschen getötet hat, Schutz vor Strafverfolgung. Er verbirgt ihn bei sich an Bord und läßt ihn nach einem äußerst waghalsigen Manöver im Schutz der Dunkelheit schwimmend das Land erreichen, wo er, unerkannt und unter einem anderen Namen, sein Leben neu beginnen kann. Die Darstellung verleiht der Erzählung alle Züge eines Traums; die Identifizierung des Kapitäns mit seinem Gast geht so weit, daß er bisweilen kaum mehr zwischen sich selbst und dem anderen zu unterscheiden vermag. Hier interessiert jedoch vor allem der moralische Aspekt der Situation. Der Kapitän setzt sich für einen anderen ein, weil er sich mit ihm solidarisch fühlt; diese menschliche Solidarität wertet er höher als die Konventionen der Gesellschaft, die verlangen, daß er den Flüchtenden ausliefert. Dessen Tat, so fühlt er, hätte er selbst begehen können; im übrigen wiegt sie in seinen Augen nicht schwer – der junge Seemann hatte *eine wertlose, aufsässige Existenz ausgelöscht*[215]. Die Solidarität zwischen dem Kapitän und dem Flüchtenden gründet sich also nicht zuletzt auf eine gemeinsame Auffassung dessen, was wert ist, bewahrt zu werden. Solcher aristokratischen Gesinnung begegnen wir bei Conrad des öfteren. Sie verbindet den Erzähler mit Gedanken Nietzsches, dessen Vorstellung von einer Herrenrasse er im übrigen jedoch ablehnend gegenüberstand.

In der fiktiven Welt Conrads ist das persönliche Schicksal eines Helden häufig mit einem öffentlichen, politischen Geschehen verquickt, das ebenso wie die Handlungsweise des einzelnen auf seine moralischen Implikationen hin befragt und bewertet wird. Besonders eingehend behandelt der Erzähler die Verbindung von öffentlicher und privater Moral in *Nostromo*. Sein Interesse gilt so verschiedenen Aspekten wie der Macht des Kapitals und dessen Einfluß auf die staatliche wie internationale Ordnung, dem Geist und den Zielen eines ehrgeizigen Unternehmers, dem Verhalten des Großbürgertums in politischen Krisen, der Rolle von Emporkömmlingen in der Politik, dem Wankelmut eines scheinbar abgeklärten Intellektuellen, dem Einsatz und der Tatkraft eines Mannes aus dem Volk wie Nostromo – die Liste ließe sich fortsetzen. Zwar entsteht trotz der Vielfalt unterschiedlicher Personen und sozialer Schichten, die in *Nostromo* geschildert werden, nicht das ursprünglich vielleicht angestrebte Bild eines politischen Ganzen, aber der Versuch Conrads, verschiedene

Formen und Motive politischen Verhaltens zu beschreiben, ist unverkennbar.

Im Mittelpunkt des Romans steht die Auseinandersetzung um die *materiellen Interessen*, die in der Mine und dem *dünnen Band von Silber, das sich täglich den Berg hinabschlängelte*, verkörpert sind. *«Gib den materiellen Interessen hier erst einmal eine feste Grundlage»*, sagt Gould am Anfang zu seiner Frau, *«und sie werden sich die Bedingungen schaffen, unter denen allein sie fortzubestehen vermögen. Darum ist auch das Geldverdienen hier, im Angesicht der herrschenden Gesetzlosigkeit und Unordnung, gerechtfertigt: gerechtfertigt, weil die Sicherheit [security], die es erfordert, einem unterdrückten Volk zugute kommen muß. Ein besseres Rechtswesen wird folgen. Da hast du deinen Hoffnungsstrahl.»*[216] Die Träume Goulds erfüllen sich, *die materiellen Interessen*, in deren Dienst er sein Leben stellt, florieren, und auch die staatliche Ordnung profitiert von ihnen. Doch Gould verfällt ihnen mit Haut und Haar. Über der Silbermine vergißt er seine Frau und alles, was ihr gemeinsames Leben einst wertvoll gemacht hat. Für Emilia Gould ist sein Erfolg ein bitterer Verlust: ihm *haftete etwas an, das eine moralische Herabwürdigung der Idee einschloß... In einer prophetischen Vision sah sie sich allein die Entwürdigung ihres jugendlichen Ideals von Leben, Liebe, Arbeit überdauern – ganz allein im Schatzhaus der Welt.* Sie fühlt sich vernichtet, *in den Fängen eines erbarmungslosen Alptraums*, und ist am Ende des Romans, *begütert über alle Reichtumsträume hinaus... so einsam wie es nur je ein Menschenwesen auf dieser Erde war.*[217] Die *materiellen Interessen* haben gesiegt. Der Mann des Volkes, Nostromo, ist ebenso an ihnen gescheitert wie der kapitalistische Unternehmer Gould. Bewahrheitet hat sich dagegen die Prophezeiung des amerikanischen Finanzmagnaten Holroyd: *«Wir werden das Weltgeschäft bestimmen, gleichgültig ob es der Welt so recht ist oder nicht. Die Welt wird es nicht hindern können – und wir können's auch nicht, denke ich.»*[218]

Um Recht und Unrecht, um das Wohl des Staates gegenüber den Interessen des einzelnen und um dessen staatsbürgerliche Pflichten geht es auch in *Mit den Augen des Westens*. Von den drei politischen Kräften, die im Roman angesprochen werden, jener der westlichen Demokratie, der Autokratie des zaristischen Rußlands und der Freiheitsideen einer russischen Verschwörergruppe in Genf, findet allein die erstere die (eingeschränkte) Billigung des Autors; die russische Autokratie dagegen wird scharf verurteilt und die Gedanken der Verschwörer sind kaum ernst zu nehmen. Conrad hatte das politische System Rußlands schon in dem im Jahre 1905 erschienenen Aufsatz *Autokratie und Krieg* (*Autocracy and War*) in düstersten Farben geschildert. Die russische Autokratie sei *ein Fluch*, heißt es dort; seit eh und je gehöre *die brutale Zerstörung von Würde, Wahrheit und Aufrichtigkeit, von aller menschlichen Treue... zu den Bedingungen ihrer Existenz.* Weiter schreibt er: *Rußland... ist die*

> # AUTOCRACY AND WAR
>
> *written in the year 1905.*
>
> BY
> JOSEPH CONRAD
>
> *"...le prussianisme — voilà l'ennemi!"*
> (concluding words)   J. C.
>
> LONDON:
> PRINTED FOR PRIVATE CIRCULATION
> 1919

Titelblatt von «Autokratie und Krieg», mit handschriftlichem Zusatz von Conrad

Verneinung all dessen, wofür zu leben sich lohnt. Es ist ein... endloser Abgrund, der jede Hoffnung auf Barmherzigkeit, jedes Streben nach persönlicher Würde, nach Freiheit, nach Wissen, jede edle Sehnsucht des Herzens, jedes erlösende Flüstern des Gewissens verschlungen hat.[219] In *Mit den Augen des Westens* greift er diese Vorwürfe wieder auf. Daß Razumov dem zaristischen System dient und zunächst in ihm die Hoffnung für eine leuchtende Zukunft sieht, unterstreicht nur seine anfängliche moralische Blindheit. Die revolutionären Gegner des Zaren bieten allerdings keine sinnvolle Alternative, im Gegenteil, von wenigen Ausnahmen abgesehen sind sie nicht weniger korrupt als die Vertreter des Regierungsapparats. Für den Wert der demokratischen Institutionen des Westens schließlich verbürgt sich allein der englische Sprachlehrer, der den Roman erzählt. Näheres erfahren wir über sie nicht.

Einer völligen moralischen Desillusionierung am nächsten kommt schließlich der Roman *Der Geheimagent*. In seiner Welt scheint das Bewußtsein von Gut und Böse nicht zu existieren. Das Verhalten der Menschen, vom Erzähler mit hämischem Amüsement beobachtet, ist ausschließlich von dem Verlangen nach körperlichem Wohlbefinden, Schutz und dem Anschein bürgerlicher Ordnung bestimmt. Die Anarchisten sind nicht weniger korrupt als die staatlichen Institutionen, die sie beseitigen wollen; selbst die Vertreter der britischen Polizei und eine *hochgestellte Persönlichkeit* im Ministerium bilden keine Ausnahme. Allein Stevie, der schwachsinnige Bruder Winnie Verlocs, zeigt Mitgefühl mit anderen, doch da er seine Emotionen nicht anders äußern kann als *in zielloser körperlicher Erregung*[220] und in gestammelten Worten, bleiben sie wirkungslos. Stevie wird bei einem Bombenanschlag auf das Observatorium in Greenwich getötet, das Attentat aber ist sinnlos – es entspringt der Laune eines russischen Botschaftssekretärs, und der Geheimagent Verloc führt es nur deshalb aus, weil er seine Auftraggeber beruhigen will. Empörung über den Anschlag kann schon darum nicht entstehen, weil die Polizei die Wahrheit über seinen Hintergrund verschweigt.

Der Mangel an moralischem Empfinden offenbart sich wie im öffentlichen so auch im persönlichen Bereich. Verloc nimmt den Tod Stevies unbekümmert hin und begreift nicht, warum seine Frau über den Verlust ihres Bruders empört ist. Winnie Verloc aber ermordet ihren Ehemann nicht in erster Linie, um Rache für den Tod Stevies zu üben, sondern aus dem Wunsch heraus, sich eines lästigen, in ihrem Leben überflüssig gewordenen Menschen zu entledigen. Der letzte Blick des Erzählers gilt dem Anarchisten, der Verloc mit Sprengstoff versorgt hat: *Der unbestechliche Professor ging dahin und wandte die Augen von der verhaßten Menge. Er hatte keine Zukunft. Er verschmähte sie. Er war eine Kraft. In Gedanken hätschelte er Bilder von Verderben und Zerstörung. Er ging dahin ... furchtbar in seiner Einfalt, die ihn bestimmte, zur Erneuerung der Welt Irrsinn und Verzweiflung herbeizurufen. Niemand sah ihn. Unbeargwöhnt und todbringend wie die Pest schritt er durch das Menschengewühl der Straße.*[221]

Wie ernst war es Conrad mit seiner wiederholt geäußerten Überzeugung, daß die Ordnung der *sichtbaren Welt auf einigen wenigen sehr einfachen Gedanken beruht,* auf die es in der Lebensführung des einzelnen ankomme? Offenbar gibt es immer Kräfte, die den formenden Ideen entgegenwirken, sie in Frage stellen, den Menschen verwirren. Doch an dem Wert einer verbindlichen moralischen Ordnung, vor der sich der einzelne zu rechtfertigen und zu bewähren hat, läßt Conrad keinen Zweifel. Allerdings ist diese Ordnung stets gefährdet. Sich für sie einzusetzen, um ihren Bestand zu ringen und sie zu bewahren, ist eine der vornehmsten Aufgaben des Menschen.

Die Vermutung liegt nahe, daß Conrads Überzeugung von der Bedeutung einer moralischen Ordnung und der auf ihr basierenden menschlichen Gemeinschaft nicht zuletzt durch die Erfahrung seines eigenen Lebens, jenem auf See wie im Exil, beeinflußt worden ist. Denkt man an Figuren wie Kurtz oder Razumov, so spürt man, wie vertraut ihm das Gefühl der Vereinzelung gewesen sein muß. Eine von der Gemeinschaft anerkannte sittliche Ordnung bot Schutz vor solcher Einsamkeit – vielleicht war er gerade darum bereit, sie aller Skepsis zum Trotz zu verteidigen.

Der Erzählvorgang

Fast meine ganze «Kunst»... besteht in der ungewöhnlichen Anordnung der Ereignisse und im Gebrauch *der Perspektive... deren wechselndes Licht mannigfache Wirkungen erzielt,* hat Conrad in einem seiner späten Briefe geschrieben.[222] In der Tat hat er den Vorgang des Erzählens zumeist sehr bewußt gestaltet und immer wieder mit verschiedenen Perspektiven experimentiert. Seine Vorliebe für eine indirekte Erzählweise steht in der Literaturgeschichte des ausgehenden 19. und frühen 20. Jahr-

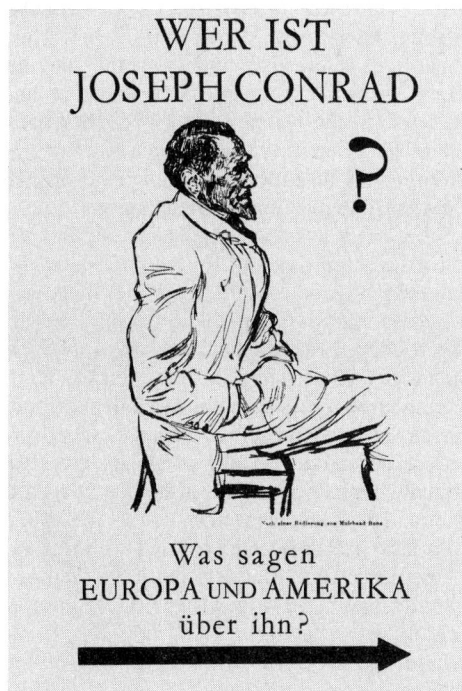

Aus einem Prospekt des S. Fischer Verlages, 1929

hunderts nicht allein. In der angelsächsischen Literatur nutzte vor allem Henry James die Standpunkttechnik für neue, um immer feinere Nuancen bemühte Effekte. James Joyce, Virginia Woolf, F. Scott Fitzgerald, William Faulkner und viele jüngere Autoren verdanken Conrad und James wichtige Anregungen – Faulkners Roman «Absalom, Absalom!» etwa steht ebenso deutlich in der Nachfolge der Erzählweise Conrads wie Fitzgeralds «The Great Gatsby». Conrads Gebrauch der Standpunkttechnik sei im folgenden an ausgewählten Beispielen verdeutlicht.

Die berühmteste seiner Erzählerfiguren ist der schon erwähnte englische Kapitän Marlow, der in mehreren seiner Werke auftritt – zuerst in der Geschichte *Jugend*, dann in *Herz der Finsternis*, in *Lord Jim* und später nochmals in dem Roman *Spiel des Zufalls* (*Chance*, 1913). Gewöhnlich versammelt Marlow eine Gruppe von Zuhörern um sich, vor denen er wie von ungefähr eins seiner Seemannsgarne spinnt. In *Jugend* ist seine Funktion relativ einfach. Der Reiz der Geschichte beruht vor allem auf dem Gegensatz zwischen dem scheinbar unerschöpflichen Optimismus Marlows als jungem Schiffsoffizier – es geht, wie man sich erinnert, um die Erlebnisse Conrads auf der «Palestine» – und seiner Gelassenheit und Abgeklärtheit als Kapitän in mittleren Jahren. In *Herz der Finsternis* stellt das, was er zu berichten hat, allerdings jede Gelassenheit und Abgeklärtheit in Frage. Die Erlebnisse im Kongo, von denen Marlow berichtet, insbesondere der Blick, den er in das Herz eines anderen getan, und die Finsternis einer *unglaublichen Verderbtheit*[223], die er dort entdeckt hat, haben ihn erschüttert und in tiefe Unsicherheit gestürzt. Er verläßt Afrika als ein Gezeichneter; die Menschen, denen er begegnet, ekeln ihn an. – Auch in *Lord Jim* spricht Marlow als Betroffener. Zufällig ist er Zeuge einer Seegerichtsverhandlung gegen den Helden des Romans geworden, und fortan hat ihn dessen Schicksal nicht mehr losgelassen. Anders als sein Verhältnis zu dem Handelsagenten Kurtz in *Herz der Finsternis* ist jenes zu Jim jedoch in helleres Licht getaucht und, trotz aller ihm innewohnenden Problematik, von freundlicher Sympathie getragen.

Die Erfindung Marlows gab Conrad die Möglichkeit, sich von seinen eigenen Erlebnissen zu distanzieren und sie mit den Augen eines anderen zu sehen. Hinter Marlow konnte er sich verstecken und sich dennoch mit ihm identifizieren, war Marlow doch, wie er selbst, *ein englischer Kapitän, der Geschichten erzählt*. Nicht minder wichtig ist ein anderes. Da Marlow als Betroffener spricht, hören wir höchst subjektive Berichte, und in der Tat lenkt er unseren Blick immer wieder darauf, wie er die Ereignisse, von denen die Rede ist, aufgenommen hat und wie diese auf ihn gewirkt haben. Dabei betont er, wie schwer es ist, sich *der Wahrheit* und *des Wesens* menschlichen Handelns zu vergewissern. Über den gestrauchelten Schiffsoffizier in *Lord Jim* sagt er: *Ich will nicht behaupten, daß ich ihn verstand. Die Einblicke, die er mir in sein Wesen gewährte, glichen jenen flüchtigen Blicken, die man zwischen den Schwaden eines dichten Nebels hindurch tut... Sie nährten die Neugierde, ohne sie zu stillen; sie taugten nicht zur Orientierung.*[224]

Um sich selbst und den Leser besser informieren zu können, ruft Marlow verschiedenste Zeugen auf, die Jim zu irgendeinem Zeitpunkt begegnet sind, stützt sich auf Briefe und Beobachtungen Dritter und vervollständigt mit diesen Angaben die Eindrücke, die er in seinen eigenen, zeitlich weit auseinanderliegenden Gesprächen mit ihm gewonnen hat. Wichtiger als der chronologische Ablauf des Geschehens ist der langsame Erkenntnisprozeß Marlows, der sich zum Teil noch während des Erzählens abspielt. Bezeichnend ist seine Unschlüssigkeit nach dem Tode Jims: *Jetzt, da er nicht mehr ist, gibt es Tage, an denen mich die Wirklichkeit seines Seins mit einer riesenhaften, unwiderstehlichen Macht überfällt; und doch – bei meinem Ehrenwort –, es gibt auch Augenblicke, in denen er mir entschwindet wie ein körperliches Gespenst.*[225] Das Rätsel des Menschen Jim und seines Handelns ist also auch am Schluß des Romans nicht gelöst. *Im Herzen bleibt er – für Marlow wie für den Leser – unergründlich.*[226] Noch radikaler formuliert Marlow seine Zweifel in *Herz der Finsternis*: *Seht ihr die Sache vor euch?* fragt er seine Zuhörer: *... seht ihr irgend etwas? Mir kommt es vor, als versuchte ich, euch einen Traum zu erzählen... Nein, es ist unmöglich, das Lebensgefühl einer bestimmten Epoche unseres eigenen Daseins anderen zu vermitteln – das, was deren Wahrheit ausmacht... Es ist unmöglich. Wir leben, wie wir träumen – allein...*[227]

Gerade das letzte Zitat macht das Bemühen Conrads deutlich, mit Hilfe der Figur Marlows einen bestimmten Stil des Erzählens nachzubilden – den des mündlichen Vortrags, in dem die Stimme eines einzelnen, durch besondere Erfahrungen geprägten Menschen zu uns spricht. Diese Stimme ist es, die den Marlow-Geschichten ihren unverwechselbaren Klang verleiht. Sie tastet sich an das Geschehen heran, umkreist es, unterbricht sich immer wieder und findet *den Sinn einer Begebenheit* nicht in dieser selbst, sondern *draußen, rings um die Geschichte herum, die ihn lediglich sichtbar macht, so wie eine Feuersglut einen Dunst sichtbar macht – ähnlich einem jener Schleierhöfe, die mitunter im gespenstischen Licht des Mondscheins sichtbar werden*[228]. Marlows Stimme schlägt die Zuhörer in ihren Bann. Über ihre Wirkung heißt es an einer Stelle in *Herz der Finsternis*: *Es war so pechschwarz geworden, daß wir Zuhörer einander kaum sehen konnten. Seit langem schon war Marlow, der abseits saß, für uns nicht mehr gewesen als eine Stimme. Niemand sagte ein Wort. Die anderen mochten eingeschlafen sein, doch ich war wach. Ich hörte zu, lauschte, lauerte auf den Satz, auf das Wort, das mir den Schlüssel zu der leisen Unruhe geben würde, die in mir durch die Erzählung geweckt worden war,* eine Erzählung, *die sich in der schweren Nachtluft des Flusses ohne das Zutun menschlicher Lippen zu formen schien.*[229]

Jack Hawkins (links) als Kapitän Marlow, in der Verfilmung von «Lord Jim», 1964

Die Unsicherheit angesichts eines Geschehens, das zögernde, *den Sinn einer Begebenheit* erst allmählich sichtbar machende Sprechen, der reflektierende, fragende Ton kennzeichnen den Stil Conradschen Erzählens auch dann, wenn nicht Marlow, sondern ein anderer spricht. In *Mit den Augen des Westens* werden wir über die Ereignisse vornehmlich aus der Sicht eines älteren, in der Schweiz lebenden Sprachlehrers englischer Herkunft informiert, der sich auf sein pragmatisches, vernunftbezogenes Denken einiges zugute hält und sich entschieden gegen die *Neigung* zur Wehr setzt, jedes *Problem ... vermittels irgendwelcher mystischer Benennungen ... über die Ebene des Verständlichen hinauszuheben*[230]. Anders als Marlow ist der Sprachlehrer oftmals selbstgerecht und pedantisch, dennoch weiß auch er, daß seine Einsicht in das Geschehen begrenzt bleiben muß. Seine innere Verwandtschaft mit Marlow zeigt sich am deutlichsten in solchen Passagen des Romans, in denen er sich – all seinem erklärten Pragmatismus zum Trotz – der Rätselhaftigkeit des Menschen, den er zu schildern hat, bewußt wird: *Er starrte mich so merkwürdig an, daß ich seinen Gesichtsausdruck kaum beschreiben kann... Was hatte er nur, fragte ich mich. Welch merkwürdige Gedanken gingen ihm durch den Kopf? Welche Vision all jener Schrecken, auf die man in seinem hoffnungslosen Land stoßen kann, marterte plötzlich sein Hirn? ... Ich wartete einen*

Augenblick und betrachtete seinen Rücken. Aber ich spürte – das sage ich ausdrücklich – keinerlei Verlangen, ihm nochmals ins Gesicht zu sehen.[231]

Auch dort, wo Conrad auf die Einführung einer eigenständigen Erzählerfigur verzichtet, widmet er dem Erzählvorgang gewöhnlich besondere Aufmerksamkeit. In *Nostromo* verwirrt er den Leser zunächst vielleicht noch mehr als in *Lord Jim*; er stellt erhebliche Ansprüche an unsere Fähigkeit, aus einem «Mosaik von Meinungen, Stimmungen, Impressionen und Andeutungen»[232] einen geordneten Handlungszusammenhang zu rekonstruieren. Der Roman berichtet über die historisch-politische Entwicklung der fiktiven, im Westen Mittelamerikas gelegenen Republik Costaguana am Ausgang des 19. Jahrhunderts. Das öffentliche Geschehen erweist sich freilich als nicht weniger schwer faßbar als die im Vergleich eher private Handlung in *Lord Jim*. So müssen wir die Vorgänge um Revolution und Gegenrevolution zum großen Teil den sehr persönlich gefärbten Berichten zweier an diesen Vorgängen unmittelbar beteiligten Personen entnehmen, von denen die eine, ein etwas senil wirkender britischer Kapitän, einem naiven Fortschrittsglauben anhängt, während die andere, ein weltmüder Intellektueller, später Selbstmord begeht. Es ist, als höben sich die Positionen, die Conrad am Beispiel dieser beiden Personen vorführt, gegenseitig auf. Keinem von beiden jedenfalls möchten wir Vertrauen schenken.

Was also läßt sich als die «historische» Wahrheit des Romans erkennen? Für Conrad scheint sie unabhängig vom chronologischen Ablauf des Geschehens zu existieren, denn ähnlich wie in *Lord Jim* nimmt die Erzählung auf den zeitlichen Zusammenhang keine Rücksicht und fügt die einzelnen Szenen und Episoden scheinbar willkürlich aneinander. Auch eine kausale Ordnung ist schwer auszumachen – warum die eine Regierung die vorhergehende ablöst, warum dieser Plan gelingt, während jener fehlschlägt, läßt sich nur vermuten; der Erzähler weiß es nicht, und es kümmert ihn wenig. Was ihn dagegen beschäftigt sind die vielfältigen Spiegelungen der Ereignisse im Bewußtsein der Personen, insbesondere deren Verhältnis zur Mine San-Tomé und dem dort gewonnenen Silber. Das öffentliche Geschehen wird auf diese Weise aufs engste verknüpft mit privaten Haltungen, ja es zeigt sich, daß Geschichte nichts anderes ist als ein Zusammenspiel der verschiedensten persönlichen Erwartungen, Hoffnungen und Enttäuschungen.

Der folgende Abschnitt – die Rede ist von Emilia Gould, der Frau des allmächtigen Minenkonzessionärs Charles Gould – macht Conrads indirekte, um wechselnde Perspektiven bemühte Erzählweise besonders deutlich. *Die Damen von Sulaco beteten Frau Gould an. «Sie betrachten mich noch immer als eine Art Ungeheuer», hatte Frau Gould heiter zu den drei Herren aus San Franzisko gesagt... Sie waren ihre ersten Gäste aus dem Ausland, und sie waren gekommen, um die San-Tomé-Mine zu besichtigen. Sie meinten, daß Mrs. Gould höchst erbaulich scherze; und*

«Irgendwo im Pazifik». Conrad-Karikatur von Max Beerbohm, 1920. Der Zeichner läßt Conrad sagen: «Was für ein reizender Strand! Man könnte sich einbilden, hier immerzu heiter zu sein.»

Charles Gould, der übrigens genau wußte, was auf dem Spiele stand, hatte sich als höchst rühriger Mann erwiesen. Diese Umstände machten sie seiner Frau sehr gewogen. Eine unverkennbare, gleichwohl durch eine Spur Ironie verfeinerte Begeisterung ließ das, was sie über die Mine zu sagen hatte, den Gästen absolut faszinierend erscheinen und veranlaßte sie zu ernstem und nachsichtigem Lächeln, in das sich nicht geringe Ehrerbietung mischte. Hätten sie gewußt, wie sehr sie von einer idealistischen Anschauung des Erfolges beseelt wurde, sie wären vielleicht ebenso erstaunt über ihre Geistesverfassung gewesen, wie es die ibero-amerikanischen Damen über den unermüdlichen Betätigungsdrang ihres Körpers waren. Sie wäre ihnen – in Frau Goulds eigenen Worten – als «eine Art Ungeheuer» vorgekommen. Indessen, die Goulds waren im Grunde ein zurückhaltendes Paar, und ihre Gäste schieden von ihnen, ohne den Verdacht zu hegen, es ginge den beiden um etwas anderes als einfach den Gewinn aus dem Betrieb *eines Silberbergwerks... Kapitän Mitchell hatte sich die Gelegenheit des Abschiednehmens zunutze gemacht, um Frau Gould vertraulich zuzuflüstern, «dies sei ein Markstein».*²³³ Man spürt die leise Ironie des Erzählers; im übrigen enthält er sich eines Kommentars und läßt seine Figuren zu Worte kommen, zumindest indirekt oder im Zitat. Sein Standpunkt ist der eines neutralen Beobachters, der nicht viel mehr weiß als die beteiligten Personen. Wohl ahnen wir, wem er seine Sympathie schenkt, aber er überläßt es uns, über das Dargestellte zu urteilen.

Daß wir uns trotz solchen Befunds gelegentlich an die Stimme Marlows erinnert fühlen, hat vor allem stilistische Gründe. Werner Senn hat darauf hingewiesen, daß die neutrale, scheinbar unpersönliche Haltung des Erzählers die Anrede an den Leser – wenn auch nur implizit – keineswegs ausschließt. Denn ganz ähnlich wie Marlow beruft sich der anonyme Erzähler in *Nostromo* nicht selten auf Ansichten, von denen er wie selbstverständlich unterstellt, daß der Leser sie mit ihm teilt. *Während die Zeit dahinging*, heißt es etwa, *entdeckte Nostromo seine Vorliebe für die Jüngere der beiden. Zwischen ihnen bestand jene Gemeinsamkeit im Wesen, wie sie bestehen muß, wenn vollkommenes Vertrauen und Verstehen eintreten soll*, oder: *Der alte Mann hatte, voller Verachtung für das gemeine Volk, wie Republikaner strenger Observanz sie so häufig bekunden, dem Vorspiel zu den Unruhen keine Beachtung geschenkt.*²³⁴ In Sätzen wie diesen scheint es, als stelle der Erzähler ein geheimes Einvernehmen mit uns her; zugleich erweist er sich als ein Mann von Einsicht und Erfahrung.

Dies schließlich gilt auch für den anonymen Erzähler in *Der Geheimagent*, dessen Ton allerdings wesentlich schärfer und bitterer ist als der in irgendeinem anderen Werk Conrads. Die *ironische Form, in der der ganze Stoff dargestellt wird*, fiele ihm *weniger leicht, als es aussieht*, schrieb Conrad während der Arbeit an dem Roman. *Ich sage ihnen, das ist kein Spaß – jedenfalls nicht für mich.*²³⁵ In der Tat ist die Ironie in *Der Geheimagent* selten komisch; ihr Effekt ähnelt eher dem der Groteske, die Vertrautes verfremdet und unheimlich erscheinen läßt: *Herr Verloc bestieg auf seiner Seite das Bett und lag reglos und stumm neben seiner Gattin, die ihm den Rücken zukehrte. Seine feisten Arme lagerten wie fortgelegt auf der Bettdecke, wie weggeworfene Waffen oder fallengelassene Arbeitsgeräte. In diesem Augenblick war er nahe daran, seiner Frau alles zu beichten. Der Zeitpunkt schien günstig. Aus dem Augenwinkel erblickte er ihre vollen weiß umhüllten Schultern, ihren Hinterkopf, mit dem für die Nacht in drei Zöpfen aufgesteckten schwarzen Haar. Und er nahm Abstand von seinem Vorhaben. Herr Verloc liebte seine Frau, wie man eine Ehefrau lieben soll – das heißt also ehelich, mit der Rücksicht, die man seinem wertvollsten Besitz schuldet. Dieses zur Nacht hergerichtete Haupt, diese fülligen Schultern umgab etwas Weihevolles – etwas von der Heiligkeit des häuslichen Friedens.*²³⁶ Eine oft von Winnie Verloc geäußerte Überzeugung lautet, *daß man den Dingen nicht auf den Grund gehen dürfe*²³⁷. Am Ende des

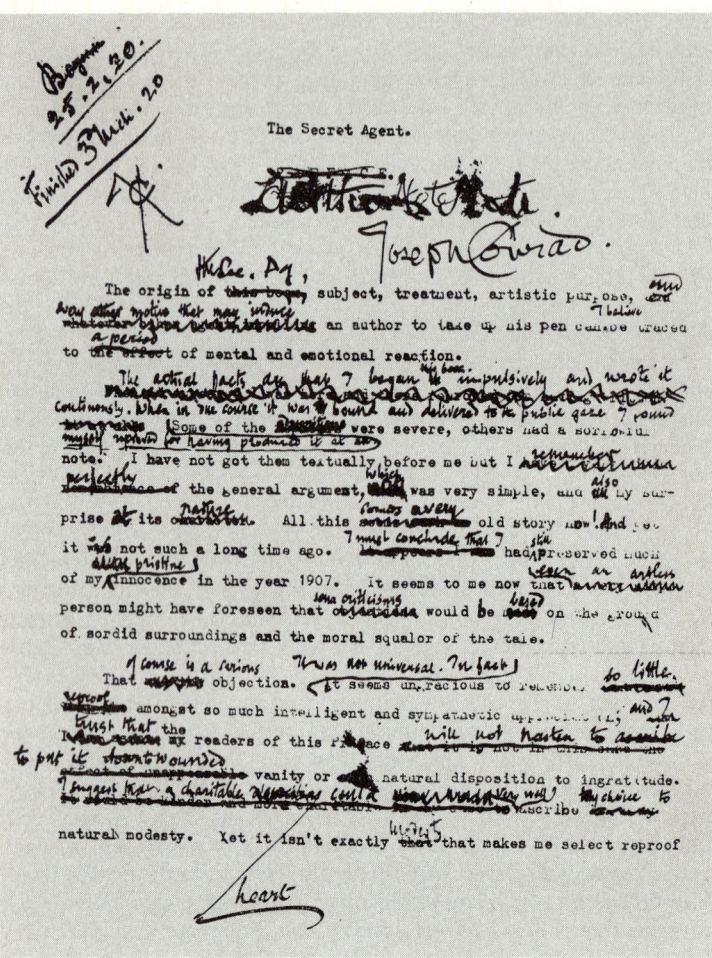

Erste Manuskriptseite von Conrads Vorbemerkung zu «Der Geheimagent»

Romans wird sie ihren Mann mit einem Brotmesser umbringen, nachdem sie entdeckt hat, daß er ihren schwachsinnigen Bruder Stevie seinen eigennützigen Plänen geopfert hat.

Wie in *Nostromo* schildert Conrad in *Der Geheimagent* die Vorgänge überwiegend aus der Perspektive der beteiligten Personen – so sehen wir im zitierten Abschnitt Frau Verloc ausschließlich aus der Sicht ihres Ehemannes. Über die freilich mokiert sich der Erzähler, so wie er sich über alle anderen Charaktere ebenfalls herablassend, oft auch mit deutlichem

Zynismus äußert. Da der Leser aber durchweg mehr weiß als die handelnden Personen, wird er immer wieder an deren jeweilige subjektive Befangenheit erinnert. Insofern steht der Erzählvorgang auch in *Der Geheimagent* in einem inneren Zusammenhang mit der Skepsis Conrads gegenüber *dem reinen Geschichtenerzählen*[238], denn gerade die Subjektivität der Wirklichkeitserfahrung des einzelnen bietet dem Erzähler Anlaß zu bissigen Kommentaren. Von der Stimme Marlows ist allerdings nur noch eine gewisse Welterfahrenheit übrig geblieben; von ihrer Wärme ist in diesem Roman nichts zu spüren.

Für Conrad bot die Standpunkttechnik einen Ausweg aus einem Dilemma, das seine Ursache in erster Linie in den Zweifeln des Autors an einer objektiven Erfaßbarkeit der Wirklichkeit hatte. Zugleich erlaubte sie ihm den Gebrauch einer Erzählerstimme, die ihm in besonderer Weise entsprochen haben muß: die eines skeptischen, zweifelnden, von der eigenen Fehlbarkeit überzeugten Mannes, der die Dinge der Welt gern im Rückblick betrachtet und seine Zuhörer am Prozeß des Abwägens und Urteilens teilhaben läßt. In dieser Stimme liegt ein großer Teil der Eigenart Conradschen Erzählens begründet.

Welche Schlüsse auf Conrads literatur- und geistesgeschichtliche Stellung lassen die vorstehenden Beobachtungen zu? Ohne Frage hatte der Erzähler teil an den großen geistigen Strömungen seiner Zeit. So sehr seine Skepsis und sein Pessimismus durch seine frühen Kindheitserfahrungen bedingt gewesen sein mögen, so sind sie doch auch Ausdruck einer Haltung, wie sie am Ausgang des 19. Jahrhunderts häufig anzutreffen ist – Matthew Arnold, Alfred Lord Tennyson oder Thomas Hardy stehen Conrads düsterer Weltsicht kaum nach. Daß diese in ihrem Kern deterministisch ist, macht ein oft zitierter Brief Conrads an Cunninghame Graham deutlich: *Da ist – sagen wir – eine Maschine. Sie hat sich (ich bin sehr wissenschaftlich) aus einem Chaos von Eisenschrott entwickelt, und siehe da! – sie strickt. Ich bin entsetzt und erschreckt über die fürchterliche Arbeit. Ich bin der Ansicht, daß sie sticken sollte, aber sie strickt weiter... Und der wirklich bestürzende Gedanke ist, daß das abscheuliche Ding sich selbst gemacht hat, ohne Plan, ohne Augen, ohne Herz. Ein tragischer Zufall – und er ist geschehen. Man kann sich nicht einmischen. Der letzte Tropfen Bitterkeit ist der Verdacht, daß man die Maschine nicht einmal zerschlagen kann... Sie strickt uns ein, und sie strickt uns aus. Sie hat Zeit, Raum, Schmerz, Tod, Verderbnis, Verzweiflung und alle Illusionen gestrickt – und nichts ist wichtig. Aber ich gebe zu, daß es bisweilen amüsant ist, dem erbarmungslosen Prozeß zuzuschauen.*[239] Wie viele seiner Zeitgenossen glaubte Conrad, daß das Leben auf der Erde zum Untergang verurteilt sei. In Anspielung auf eine damals weit verbreitete Deutung des 2. Hauptsatzes der Thermodynamik schrieb er: *Die Haltung kalter Gleichgültigkeit ist die einzig vernünftige... Das Schicksal einer Mensch-*

heit, die dazu verdammt ist, in Kälte unterzugehen, ist der Sorge nicht wert. Nimmt man es sich zu Herzen, wird es zu einer unerträglichen Tragödie. Wenn man an Verbesserungen glaubt, muß man weinen, denn die Vollendung, wird sie erreicht, muß in Kälte, Dunkelheit und Schweigen enden.[240]

Der Subjektivismus, der sich in Conrads Gestaltung des Erzählvorgangs, in seiner Darstellung der Außenwelt und nicht zuletzt in seiner Betonung der Isolation des Individuums äußert, ist aus geistesgeschichtlicher Sicht gewiß als Reaktion auf einen derart verstandenen Determinismus zu begreifen. Wie bei Conrad finden wir ihn bei Henry James, bei Walter Pater, bei Oscar Wilde und zahlreichen anderen zeitgenössischen Autoren. Wenn es bei Pater heißt, daß «jeder menschliche Geist wie ein zur Einzelhaft Verurteilter seinem eigenen Traum von der Welt nachhängt», so spricht aus diesen Worten ein ähnlicher Zweifel an aller objektiven Erkenntnismöglichkeit wie aus Marlows schon zitiertem Satz: *Wir leben, wie wir träumen – allein.*[241] Lothar Hönnighausen hat nachgewiesen, daß es sich hierbei um eine nicht nur in England, sondern auch im

Conrad mit Frau Jessie,
Sohn Borys und der
amerikanischen Autorin
Ellen Glasgow (2. v. r.)
im Garten von Capel House, 1914

übrigen Europa um die Zeit der Jahrhundertwende weitverbreitete Haltung handelt.[242]

Wie wir gesehen haben, ist Conrads Antwort auf die Erkenntniskrise seiner Zeit allerdings nicht ein Ästhetizismus Paterscher oder Wildescher Prägung, wenngleich Elemente einer gewissen fin de siècle-Stimmung auch in seinem Werk nicht fehlen. Aber ungeachtet aller Zweifel beharrte Conrad auf den *wenigen einfachen Gedanken*, auf denen *die Welt beruht*. Woran er *am meisten glaube*, sagte er, *das ist die Verantwortlichkeit des einzelnen für seine Handlungsweise* (*the responsibilities of conduct*).[243] Dementsprechend werden seine Charaktere stets zur moralischen Verantwortung gezogen; allem theoretisch verkündeten Relativismus zum Trotz gibt es in seiner Welt feste sittliche Normen, an denen das Verhalten des einzelnen gemessen wird.

Wie es scheint stand Conrad zwischen einem eher modernen Weltempfinden einerseits und den etablierten Traditionen des Viktorianismus andererseits. In der vielfältigen Brechung der Perspektive, in der Auflösung

der zeitlichen Ordnung des Erzählens, in seinem Interesse an psychologischen Problemen wie Identitätsverlust und Fremdheit des Individuums in der Welt weisen seine Werke auf den modernen Roman des 20. Jahrhunderts voraus, in ihrem Beharren auf sittlichen Werten wie Ehre, Treue, Gehorsam und Disziplin, in dem Arbeitsethos, das sie verkünden, bleiben sie dem Viktorianismus verhaftet.

Eine ähnliche Ambivalenz läßt sich in Conrads politischen Ansichten erkennen. Er war einerseits zutiefst konservativ, bezweifelte den Wert der Demokratie und empfand wenig Sympathie für die sozialreformerischen Ideen seiner Zeit. Aber seine Kritik galt gleichermaßen dem Egoismus einer Aristokratie, die nur auf den Erhalt der eigenen Vorrangstellung bedacht war; er verurteilte den Imperialismus der westlichen Welt und konnte, bei aller Ablehnung von Revolution und Anarchie, radikale Positionen einnehmen: *Die Gesellschaft ist ihrem Wesen nach kriminell, wenn es anders wäre, würde es sie nicht geben. Egoismus allein hält alles aufrecht – absolut alles – alles, was wir hassen, alles, was wir lieben... Aus diesem Grunde respektiere ich extreme Anarchisten – «Ich wünschte mir eine allgemeine Ausrottung» – sehr gut. Das ist gerecht, und darüber hinaus klar.*[244] Trotz seiner Skepsis gegenüber jeglicher Form politischer oder staatlicher Organisation – *Brüderlichkeit ist nichts anderes als die Kain-Abel-Geschichte*[245] – zollte Conrad der politischen Ordnung Englands, seiner zweiten Heimat, gewöhnlich öffentliches Lob. In einem Werk wie *Der Geheimagent* allerdings wird auch diese Ordnung in Frage gestellt.

Zumindest zum Teil dürften sich Conrads politische Anschauungen aus seiner Herkunft erklären – in nicht wenigen seiner Äußerungen spürt man den Stolz des Aristokraten gegenüber der Menge und die Verachtung allen kleinlichen bürgerlichen Denkens. Er war ein Kosmopolit; in seiner Phantasie an keine nationalen Grenzen gebunden, war er der unterschiedlichsten Perspektiven auf politisches Handeln fähig. Die staatlichen Ordnungen, die er in seinen Romanen vergegenwärtigt, erstrecken sich auf nahezu alle Räume der Erde und spiegeln die Fülle seiner eigenen Erfahrung, die in den Jahren zur See gewonnenen Eindrücke ebenso wie die Auseinandersetzung mit dem Erbe der europäischen Geschichte. Inwieweit er indessen als eigenständiger politischer Denker gelten kann, ist in der Forschung umstritten. Man betont die Nähe seiner Gedanken zur Philosophie Carlyles; andere Leser haben marxistische Züge in seinem Werk entdeckt. Festzuhalten ist, daß er sich nicht scheute – im Unterschied zu vielen anderen zeitgenössischen Romanciers und trotz seines erklärten Relativismus –, politisch Stellung zu beziehen, häufig auch gegen die in seiner Zeit vorherrschenden Kräfte. Sein Beitrag zur englischen Romanliteratur des ausgehenden 19. und beginnenden 20. Jahrhunderts erhält nicht zuletzt durch die weitgespannten und differenzierten politischen Analysen, die seine Werke enthalten, sein besonderes Gewicht.

Conrad und sein Sohn John vor Capel House

Wie bereits angedeutet, endete der Schaffensabschnitt, in dem die hier besprochenen Werke entstanden, mit einer schweren psychischen Krise, von der Conrad sich nur langsam erholte. Damals wohnte die Familie in einer kleinen, beengten Wohnung im Dorf Aldington in Kent; Pent Farm hatten die Conrads bereits im Jahre 1907 verlassen. Auf den Zusammenbruch seiner Kräfte Anfang des Jahres 1910 reagierte Conrad in charakteristischer Weise: im Juni des Jahres, kaum genesen, suchte er abermals nach einem neuen Haus. Er fand es im Dorf Orlestone, nur wenige Meilen von Pent Farm entfernt. Hier, in Capel House, ließ sich die Familie für die nächsten neun Jahre nieder.

Ruhm

Die Krise des Jahres 1910 markiert einen spürbaren Einschnitt in Conrads Schaffen. *Ich fühle mich wie ein Mensch, der aus der Hölle zurückgekehrt ist*, schrieb er im Juni des Jahres[246]; die Erinnerungen an den Zusammenbruch aber verfolgten ihn noch lange. Zwar ließ sein Arbeitswille nicht nach – bis zu seinem Tod im Jahre 1924 entstanden fünf weitere Romane und zehn zum Teil längere Erzählungen, daneben zahlreiche Essays –, aber die zeitlichen Abstände zwischen den einzelnen Werken wurden größer, und nur weniges von dem, was er jetzt schrieb, reicht an den künstlerischen Rang der früheren Arbeiten heran. Es drängte ihn, sein Werk zu ordnen und Manuskripte, die liegengeblieben waren, abzuschließen. Dies gilt insbesondere für den Roman *Die Rettung*, dessen Anfänge bis in das Jahr 1896 zurückgehen und den er im Jahre 1919 endlich fertigstellte; aber auch *Spiel des Zufalls* hatte er schon Jahre zuvor begonnen, doch immer wieder zugunsten anderer Arbeiten zurückgestellt. *Ich ordne meine Sachen in dieser Welt, und ich wollte ungern etwas zurücklassen, mit dem man mir hätte nachweisen können, daß ich mir mehr vorgenommen habe, als ich leisten kann*[247], heißt es in einem Brief an Edward Garnett; die Sorge des Autors um seinen Nachruhm ist auch in anderen Selbstzeugnissen aus dieser Zeit deutlich zu erkennen.

Doch ihn beschäftigten auch neue Vorhaben: der Roman *Sieg* etwa, den er kurz vor Ausbruch des Ersten Weltkriegs vollendete, oder die während des Krieges geschriebene Erzählung *Die Schattenlinie*, Werke, deren Qualität die oft vertretene These vom «Niedergang» Conrads nach dem Zusammenbruch seiner Kräfte im Jahre 1910 zumindest in Frage stellen. Allmählich gewannen seine Bücher ein breiteres Publikum, so daß sich seine finanzielle Situation erheblich besserte. Noch zu seinen Lebzeiten erschien eine aufwendig gestaltete Ausgabe seiner gesammelten Werke; eine Reise nach New York im Jahre 1923, zu der ihn sein amerikanischer Verleger eingeladen hatte, wurde fast zu einem Triumphzug. Häufiger als in den Jahren zuvor richteten sich seine Gedanken auf sein Heimatland Polen, für das er sich zunehmend auch politisch engagierte.

In den Berichten derer, die ihn kannten, erscheint Conrad noch in seinen späten Jahren als lebhafter, anregender und geistvoller Mann. Seinen Gästen begegnete er mit Wärme und Charme, und noch immer plauderte

André Gide

er gern über Literatur, besonders über die von ihm bewunderten französischen Autoren. Zu diesen gehörten später – neben Anatole France, Flaubert und Maupassant – auch André Gide, Paul Valéry und vor allem Marcel Proust, dessen Werk Conrad noch in seinen letzten Lebensjahren mit größter Aufmerksamkeit und Anteilnahme las. «Bei solchen Gelegenheiten sprach er gern Französisch», schreibt eine Besucherin in ihren Erinnerungen; «Polnisch sprach er deutlich und mit einem angenehmen ukrainischen Akzent. Manchmal, wenn ihm ein Wort nicht einfiel, wechselte er ins Französische... Er haßte es, sich zur Schau zu stellen, lehnte Effekthascherei und alles Gepränge ab... Er war äußerst subtil, ein empfindsamer Beobachter, ein Ästhet, ein Denker und vor allem ein Dichter. Bisweilen war er unglücklich, schwierig in seinen Stimmungen, dann wieder einfach, warmherzig, vertraut.»[248] Zu den Freunden in dieser Zeit gehörte der Philosoph und Mathematiker Bertrand Russell, der seine Erinnerungen an die erste Begegnung mit Conrad in fast überschwenglichen Worten festgehalten hat: «Mein erster Eindruck war überraschend. Er sprach Englisch mit einem starken ausländischen Akzent, und nichts in seinem Auftreten ließ einen an die See denken. Er war bis in die Fingerspitzen ein polnischer Aristokrat... Schon bei unserer ersten Begegnung

Bertrand Russell

sprachen wir mit immer größer werdender Vertrautheit miteinander. Wir schienen Schicht um Schicht durch das nur Oberflächliche hinabzusinken, bis wir beide allmählich das Feuer erreicht hatten, das im Innersten brennt. Es war eine Erfahrung, wie ich sie nie wieder gemacht habe. Wir blickten uns in die Augen, halb trunken und halb erschreckt von dem Gedanken, daß wir uns gemeinsam in einer solchen Sphäre fanden.»[249] Dennoch notierte Conrad gegen Ende seines Lebens in einem Brief: *Durch meinen Fehler – oder ist es einfach das Schicksal? – habe ich die Gelegenheit für engere Kontakte stets verpaßt.*[250] Obwohl die Beziehung zu seiner Frau und den beiden Söhnen im Alter zunehmend herzlicher wurde, fühlte er sich noch immer als Fremder, so als müsse er auf Grund seines *besonderen Temperaments im Abseits stehen wie irgendein merkwürdiges Tier, das im Käfig dem Publikum zur Schau gestellt wird*[251].

Die ersten Arbeiten, die Conrad nach seiner Genesung im Sommer 1910 in Angriff nahm, sind Erzählungen. *Ein Lächeln des Glücks* knüpft an seine Tage als Kapitän der «Otago» auf Mauritius an; *Prinz Roman* führt bis in seine Kindheit in Polen zurück. Weitere Erzählungen folgten, dann aber nahm ihn der Roman *Spiel des Zufalls* ganz in Anspruch. In thematischer Hinsicht betrat Conrad hier wie in anderen seiner späten Werke Neuland: im Mittelpunkt des Romans steht die Geschichte einer unerfüllten Liebe. Vertraut mutet dagegen die Rahmenhandlung an, in der Kapitän Marlow als Erzähler abermals eine tragende Rolle zukommt. *Spiel des Zufalls* wurde ein größerer Publikumserfolg als je eines der früheren Werke. Der Roman erschien ab Januar 1912 zunächst in Fortsetzungen im «New York Herald»; von der 1913 veröffentlichten Buchausgabe wurden in den beiden darauffolgenden Jahren allein in England 13 000 Exemplare abgesetzt. Zusammen mit dem Erlös, den der Verkauf seiner Manuskripte an den amerikanischen Sammler John Quinn einbrachte – Conrad kam dessen Bitte um Handschriften bereitwillig nach –, machten es ihm die reichlicher fließenden Einnahmen möglich, allmählich seine hohen Schulden abzutragen. Insbesondere der Agent James B. Pinker, der sein Werk betreute, hatte ihm jahrelang beträchtliche Vorschüsse gewährt. Durch die Rückzahlung des Geldes entspannte sich das

Mit dem Agenten James B. Pinker, 1922

Verhältnis zwischen den beiden, das durch einen Streit zusätzlich belastet war. Pinker hatte Conrad in einer Auseinandersetzung, als dieser die Fassung verloren und in seiner Erregung wohl einen falschen Ausdruck gebraucht hatte, zutiefst beleidigt. Mit seiner Bemerkung, «Sprechen Sie Englisch», hatte er den Autor an einer besonders empfindlichen Stelle getroffen.[252]

Der Erfolg des Romans *Spiel des Zufalls* kam nicht von ungefähr, denn vor allem die Erzählungen hatten Conrad inzwischen eine neue Leserschicht erschlossen. Manche von ihnen, von vornherein auf kommerziellen Erfolg hin angelegt, sind ausgesprochen melodramatisch; sie wurden in weitverbreiteten Zeitschriften veröffentlicht und machten seinen Namen populär. Nicht selten in einer exotischen Umgebung angesiedelt, wie etwa *Ein Lächeln des Glücks* und *Freya von den sieben Inseln*, kamen sie dem Interesse des Publikums an romantischen Liebesgeschichten entgegen und bereiteten auf diese Weise den Weg für die Aufnahme von *Spiel des Zufalls* vor. Doch der Roman fand eine positive Resonanz auch in der Kritik. Conrad wurde mittlerweile als einer der führenden Autoren seiner Zeit akzeptiert.

Die meisten heutigen Leser tun sich eher schwer mit *Spiel des Zufalls*, seinem *Mädchen-Roman*, wie Conrad ihn gelegentlich nannte.[253] Er selbst stand ihm mit zwiespältigen Gefühlen gegenüber: er beschrieb ihn als *das größte Stück Arbeit, das ich seit «Lord Jim» geleistet habe*, bekannte aber zugleich, daß er im Grunde kein rechtes Vertrauen in den Stoff besessen habe.[254] Schwierigkeiten bietet der Roman zum einen durch die unnötig komplizierte Erzählsituation (diese reizte schon Henry James zur Kritik), zum anderen durch die Art der Personendarstellung. Es gelingt Conrad nicht, seine Heldin, die junge Frau Flora de Barral, so lebendig zu gestalten, daß wir ihr das gleiche Interesse entgegenbringen wie etwa Jim oder Kurtz, Decoud oder Razumov. Zwar redet der Erzähler oft und gern über Frauen, aber ob ihn das Schicksal Floras wirklich berührt, bleibt fraglich.

Hierin zeigt sich ein Problem, das für einen nicht geringen Teil des Conradschen Spätwerks gilt. Immer dann, wenn er Frauengestalten beschreibt – wie in den Romanen *Spiel des Zufalls*, *Der goldene Pfeil* und *Die Rettung*, in vielen der Erzählungen und zum Teil auch in *Sieg* –, scheint Conrads Gestaltungskraft nachzulassen, und nicht selten klingt die Rhetorik, die an ihre Stelle tritt, etwas hohl. Die folgende Passage aus dem Roman *Die Rettung* illustriert das Problem aufs deutlichste. Über die von dem rauhbeinigen Kapitän Lingard bewunderte Edith Travers heißt es dort: *Ihre ganze Person war ein unglaubliches, erstaunliches körperliches Wunder, das in gewissem Sinne mehr noch als seine Augen etwas anderes in ihm überzeugte, das offenbar unabhängig von seinen Sinnen war. Nicht für einen Augenblick dachte er, daß sie ihm fern sei. Unberührbar – vielleicht! Aber fern – nein. Ob bewußt oder unbewußt, geistig akzep-*

«Der schüchterne Freier». Zeichnung von Joseph Conrad

tierte er sie als etwas Selbstverständliches. Leiblich indessen war sie ein Wunder der Art, wie es einem zugleich vertraut und heilig ist.[255] Ähnlich gequält klingende Abschnitte finden sich im gesamten Spätwerk. Bezeichnenderweise erwähnt Conrad in der Vorrede zu *Die Rettung*, daß er, als er seinerzeit das Manuskript beiseite gelegt habe, um sich dem *Nigger von der «Narzissus»*, *Jugend*, *Herz der Finsternis* und *Lord Jim* zuzuwenden, *in Wahrheit an* seiner *Prosa zweifelte, an ihrer Zulänglichkeit, an ihrer Macht über die Farben ebenso wie über die Schattierungen*[256] – über solche Zweifel konnte er sich in seiner späten Zeit offenbar leichter hinwegsetzen als damals.

Fehlte es Conrad an Verständnis für Frauen oder auch einfach an Erfahrungen? Über diese Frage ist viel gemutmaßt worden. Ob es in seinem Leben neben Jessie andere Frauen gegeben hat, wissen wir nicht; vieles spricht dafür, daß er ein treuer Ehemann war. Als Seemann war er in Hafenstädten herumgekommen – den Versuchungen, die sie boten, wird er sich kaum entzogen haben. Aber es gibt kein Zeugnis über eine leidenschaftliche Liebe, keinen Hinweis darauf, daß er je eine Frau begehrte oder sich nach ihrer Nähe sehnte. Umgekehrt fühlte er sich in männlicher Gesellschaft offensichtlich wohl; man denke an seine Freundschaften mit Galsworthy, Cunnighame Graham oder Ford Madox Ford. Wenn die Figur Marlows tatsächlich als sein *alter ego* gelten darf, so möchte man vermuten, daß der Erzähler vorwiegend in einer sich selbst genügenden, männlich bestimmten Welt lebte, in der für Frauen wenig Raum war. Er begegnete ihnen respektvoll und höflich, vielleicht auch mit leiser Herablassung, aber es scheint, als habe er, abgesehen von einem gelegentlichen Flirt, nie ein engeres Verhältnis zu ihnen gewonnen. Der Mangel an einer wirklich erotischen Beziehung in seinem Leben könnte das eigenartig unwirkliche Bild der Frau in seinen Werken teilweise erklären.

Über die Gründe, die ihn bewogen haben, in seinem späteren Werk dennoch dem Thema Liebe von Mann und Frau vergleichsweise breiten Raum zu widmen, können wir wiederum nur Vermutungen anstellen. Das Streben nach kommerziellem Erfolg mag eines der Motive gewesen sein, aber sicherlich war es nicht das wesentliche. Najder meint, daß er der intellektuellen und moralischen Auseinandersetzung müde war, die ihm seine bisherigen Romane abverlangt hatten, und jetzt nach einfacheren, literarisch gleichsam vorgefertigten Themen suchte, die zu bewältigen weniger Anstrengungen kostete.

Eine andere mögliche Antwort könnte in *Sieg*, Conrads nächstem Roman, enthalten sein. In dessen Zentrum steht ein Mann, der wegen seiner selbstgewählten Isolation am Leben scheitert. Axel Heyst, der Held des Romans, ist gewiß nicht als autobiographische Figur zu verstehen. Interessant ist indessen, daß das Problem der menschlichen Solidarität, das Conrad so oft beschäftigt hat, hier in besonderer Weise und anders als zuvor im Blick auf die Beziehung zwischen den Geschlechtern gesehen wird. Axel Heyst scheitert, weil er unfähig ist zu lieben und die Zuwendung eines anderen Menschen nicht akzeptieren kann. *«Nur zusehen – ohne einen Laut»*[257], heißt die Devise, die ihm sein Vater mit auf den Weg gegeben hatte. Dennoch greift er, *von Mitgefühl überrumpelt*[258], bisweilen in das Leben anderer ein, so auch in das des jungen Mädchens Lena, das in einem armseligen Damenorchester Geige spielt. Er holt es auf seine Insel, zunächst noch im Zweifel über sich selbst und ganz in der Rolle eines *desinteressierten Beobachters* befangen: *«Vermutlich habe ich... einigen Schaden angerichtet, indem ich mich dazu hinreißen ließ, zu handeln»*, sagt er. *«Es ließ sich ganz harmlos an, aber jede Aktion ist nun einmal dazu angetan, Unheil zu stiften.»*[259] Seine Passivität führt die beiden schließlich in den Tod, doch Lenas Liebe zeigt Heyst am Ende, daß sein *infernalisches Mißtrauen allem Leben gegenüber*[260] falsch war. Dem vom Vater übernommenen Wahlspruch stellt er die Einsicht gegenüber: *«... wehe dem Mann, dessen Herz nicht in der Jugend gelernt hat zu hoffen, zu lieben – und dem Leben zu vertrauen.»*[261] Wie vorher Kurtz oder Razumov erkennt er schließlich die menschliche Gemeinschaft an, so daß es scheint, als billige Conrad zumindest in diesem Roman der Liebe zwischen Mann und Frau eine positive Kraft zu, auch wenn das Geschehen in Tod und Verzweiflung endet. Ist es der Glaube an diese Kraft, der ihn bewogen hat, sich dem Thema der Liebe zuzuwenden? Es gibt freilich auch Gegenbeispiele – sowohl in *Der goldene Pfeil* und in *Die Rettung* zeigen sich die Liebenden unfähig, aus ihrer jeweiligen Isolation auszubrechen.

Joseph Conrad hat über zwei Jahre lang, von April 1912 bis Juni 1914, an *Sieg* gearbeitet. Die Entstehung des Romans war von den üblichen Krankheiten begleitet, wurde gelegentlich aber auch durch andere, kürzere Vorhaben unterbrochen. Zu den letzteren zählen neben mehreren Erzählungen zwei Artikel über den Untergang der «Titanic», in denen der ehemalige Schiffsoffizier sich voller Zorn und Verachtung über die Methoden der modernen Passagierschiffahrt sowie über die Ergebnisse der Untersuchungskommission und die sensationslüsterne Berichterstattung in der Presse äußert. Als der Roman *Sieg* im September 1915 erschien, muß der Titel wie ein Fanal gewirkt haben. England befand sich seit über einem Jahr im Krieg mit Deutschland und Österreich-Ungarn.

Joseph Conrad erlebte den Kriegsausbruch in Polen. Gemeinsam mit seiner Familie und dem jungen polnischen Ehepaar Retinger, das seit

Der Untergang der «Titanic», 1912

längerem zu seinem Bekanntenkreis gehörte, war er im Sommer 1914 zu einer Reise in sein Heimatland aufgebrochen, nicht ahnend, daß ein Krieg in Europa unmittelbar bevorstand. Er freute sich darauf, seiner Frau und seinen Söhnen *das Leben auf dem Lande in Polen zu zeigen* und *die Stadt zu besuchen, in der ich zur Schule gegangen bin*[262], hatte aber auch gewisse Bedenken gegen die Rückkehr in die Heimat, die er zuletzt im Jahre 1893 gesehen hatte, als er seinen Onkel Tadeusz Bobrowski besuchte. An Galsworthy schrieb er, er fahre *mit zwiespältigen Gefühlen*[263] nach Polen zurück.

In dem Aufsatz *Poland Revisited* (*Wiedersehen mit Polen*) hat Conrad die Eindrücke beschrieben, die ihn bewegten, als er abends mit seinem Sohn Borys zum erstenmal seit seiner Kindheit durch die Stadt Krakau ging, aus der er 40 Jahre zuvor *voller Ungestüm* aufgebrochen war: *Wir traten aus der Eingangshalle des Hotels in eine leere, sehr stille Straße, die in hellem Mondlicht lag...Ich fühlte mich so sehr wie ein Geist, daß ich fast wehmütig überrascht war, als ich entdeckte, daß ich mich an so irdische Dinge wie den richtigen Weg und die allgemeine Richtung der Straße erinnern konnte... Es... gab eine bestimmte Straße, die ich mir ansehen wollte... Zu unserer Rechten ragten die ungleichen, massigen Türme der Marienkirche in die himmlisch strahlende Luft, sehr düster auf den im Schatten liegenden Seiten, leuchtend, mit einem sanften, phosphoreszierenden Schimmer auf den anderen. In der Ferne versperrte das Florianstor die Straße, breit und gedrungen unter seinem spitzen Dach... Weit und breit war niemand zu sehen, und man konnte nicht einmal das Echo eines Schritts hören. In diese kalt erleuchtete, schweigende Leere trat aus meinem wach gewordenen Gedächtnis ein kleiner Junge von elf Jahren, der langsam seinem Schulweg folgte... Es war in den Wintermonaten des Jahres 1868.* Conrad entwirft dann ein Bild der letzten Lebensmonate seines Vaters und schildert dessen Beerdigung, bis es heißt: *Es schien mir, daß ich ein hilfloses Opfer der Schatten werden würde, die ich heraufbeschworen hatte, wenn ich noch länger in jener schmalen Gasse bliebe. Sie bedrängten mich, rätselhaft und beharrlich.*[264] An einem der folgenden Tage besuchte er zusammen mit Borys die Bibliothek der Universität, wo ihnen Apollo Korzeniowskis Manuskripte gezeigt wurden; auch dem Grab des Vaters statteten sie gemeinsam einen Besuch ab. Conrad traf auf Bekannte aus seiner Jugendzeit – die Schatten der Vergangenheit bedrängten ihn in der Tat.

Der Kriegsausbruch freilich kann ihm wenig Ruhe gelassen haben, seinen Erinnerungen nachzuhängen. Am 31. Juli erfolgte die allgemeine Mobilmachung in Österreich, am 2. August mobilisierte Rußland seine Truppen. Um nicht Gefahr zu laufen, in militärische Auseinandersetzungen hineinzugeraten – Krakau lag im damals österreichischen Teil Polens, nur wenige Kilometer von der russischen Grenze entfernt –, brachte Conrad seine Familie nach Zakopane, einem Erholungsort in den Karpaten,

Die Marienkirche in Krakau

wo eine seiner Cousinen eine Pension betrieb. Hier blieben sie für die nächsten Wochen, bis es Conrad unter erheblichen Schwierigkeiten gelang, die nötigen Ausreisepapiere zu bekommen. Als britischer Staatsbürger gehörte er zu den Feinden Österreichs; überdies war er nahezu mittellos, da er mit einem derartig langen Aufenthalt nicht gerechnet hatte. Über Krakau und Wien reiste die Familie Anfang Oktober unter beschwerlichen Umständen nach Genua, in das damals noch neutrale Italien. Am 2. November trafen die Conrads per Schiff endlich wieder in London ein.

Der Aufenthalt in Polen, die Gespräche mit Verwandten, Freunden und Bekannten konfrontierten Conrad nicht nur mit seiner Vergangenheit, sondern erinnerten ihn erneut an den Vorwurf, er habe seine Heimat verraten. Er muß sich in jenen Tagen in einem merkwürdigen Gefühlszustand befunden haben – *in der Stadt, in der ich aufhörte, ein Kind zu sein, in der ich ein Junge wurde, die Freundschaften, Bewunderungen, Gedanken und Empörungen dieses Lebensalters kennengelernt hatte*²⁶⁵, war er ein Fremder. Gegen Rußland, den Alliierten Englands, hegte er eine ebenso tiefe Abneigung wie gegen Deutschland, Englands Feind; für Österreich aber empfand er durchaus Sympathie. Auf welche Macht sollte er in diesem Konflikt seine Hoffnungen für ein unabhängiges Polen setzen? In dem 1918 geschriebenen Aufsatz *First News* (*Erste Nachrichten*) gibt er seine Erinnerungen an den Tag der Mobilmachung in Krakau wieder: *Was den größten Eindruck bei mir hinterließ, war die nächtliche Zusammenkunft einiger Männer von Rang im Frühstücksraum meines Hotels, an der ich gebeten wurde teilzunehmen. Es war ungefähr ein Uhr morgens. Die Fensterläden standen offen. Aus irgendeinem Grunde war das elektrische Licht ausgeschaltet, und der große Raum war nur durch einige hohe Kerzen erleuchtet, so daß man gerade noch die Gesichter der anderen erkennen konnte. Ich las in jenen Mienen das schreckliche Elend von Männern, deren Land, in drei Teile zerrissen, sich ohne eigenen Willen in einem Kampf befand und nicht einmal die Macht hatte, sich mit seinem Leben für seine eigene Sache einzusetzen. Es gab weder Vergangenheit noch Zukunft, was immer geschehen mochte; keinen Weg, der nicht zur moralischen Vernichtung zu führen schien.* In diesem Dilemma, habe er damals gesagt, könne nur England helfen; im Rückblick erscheint ihm dieser Gedanke *wie eine Erleuchtung*²⁶⁶. In ähnlichem Sinne hatte er sich schon in einem noch in Zakopane verfaßten Dokument geäußert. Dort heißt es, England müsse nach Kriegsende dafür sorgen, daß Sieger und Besiegte das Recht Polens auf Unabhängigkeit anerkennen.²⁶⁷ Für dieses Ziel war er bereit, sich bei seinen britischen Landsleuten einzusetzen. Könnte er mit der politischen Rolle, die er England solchermaßen zuwies, auch versucht haben, nachträglich die Wahl seiner neuen Heimat zu rechtfertigen? Der Ton in manchen der Aufsätze, die er in diesem Zusammenhang geschrieben hat, legt solche Vermutung nahe.

Wie intensiv ihn das Schicksal Polens in seinen späteren Lebensjahren beschäftigte, zeigt vor allem der im Dezember 1918 verfaßte Essay *The Crime of Partition* (*Das Verbrechen der Teilung*). Der Aufsatz ist engagiert geschrieben, der Zorn auf die Westmächte, die sich um das Schicksal Polens nie gekümmert hätten, nur mühsam unterdrückt. Conrad rühmt die Tugenden des polnischen Volkes, mit dem er sich ganz identifiziert, und fordert England und Frankreich auf, ihre moralische und geistige Verwandtschaft mit *jenem fernen Vorposten einer Zivilisation zu erkennen, die von der gleichen Art ist wie die ihrige*²⁶⁸. Ähnlich hatte er schon 1916 Polen als *ein Bollwerk zwischen der großen Macht des Slawentums ... und dem organisierten Germanismus* bezeichnet.²⁶⁹ Der Hinweis auf die westliche Kultur Polens kehrt an vielen Stellen seiner Schriften wieder; er wiederholt ihn mehrfach in seinen Briefen und reagierte verärgert, wenn man in seinem Werk – was häufig geschah – vermeintlich *slawische Züge* entdeckte.²⁷⁰ Im Vorwort zu *Über mich selbst*, im Sommer 1919 verfaßt, heißt es: *Dem polnischen Temperament mit seiner Tradition der Selbstverwaltung und seiner übertriebenen Achtung der Rechte des Individuums ist nichts fremder, als was man unter Literaten Slavonentum nennt; ganz abgesehen von der... Tatsache, daß die ihrer Natur nach westliche Mentalität der Polen ihre Schulung Italien und Frankreich zu verdanken hat und historisch immer, selbst in religiösen Dingen, in Übereinstimmung mit den liberalsten Strömungen europäischen Denkens geblieben ist.*²⁷¹

Auch nachdem die Westmächte den neuen polnischen Staat offiziell anerkannt hatten, blieb Conrad skeptisch, ob sie sich je wirklich für die Unabhängigkeit Polens einsetzen würden. Den Ereignissen des Jahres 1920, als die Rote Armee Warschau einzunehmen drohte, dann aber von den polnischen Truppen unter General Piłsudski zurückgeschlagen wurde, folgte er mit großer Anteilnahme, wie überhaupt der Kontakt mit seiner Heimat in seinen letzten Lebensjahren deutlich zunahm. Er empfing Besucher aus Polen, korrespondierte mit polnischen Literaten und Intellektuellen und übersetzte ein polnisches Schauspiel, Bruno Winawers Komödie «Ksiega Hioba» («Das Buch Hiob»), ins Englische. Die Rechte an den polnischen Übersetzungen seiner eigenen Werke übertrug er Aniela und Karola Zagórska, den Töchtern jener Verwandten, bei denen er im Sommer und Herbst 1914 in Zakopane gewohnt hatte. Die Verbindung zur Familie Zagórski reicht bis in seine Jugendzeit zurück.

Ob ihn das Kriegsgeschehen lähmte oder seine Kräfte einfach erschöpft waren, es fiel ihm schwer, sich auf Neues einzulassen, nachdem er aus Polen zurückgekehrt war. Er las die Korrekturen von *Sieg*, aber wie er in seiner späteren Vorbemerkung schreibt, schien es ihm *entsetzlich vermessen anzunehmen, in einer Gemeinschaft, die beim Donner der großen Geschütze ... nicht umhin konnte, das Messer an der Kehle zu fühlen, könnte es noch Augen geben, die diese Seiten läsen*²⁷². In einem Brief vom Januar 1915 heißt es: *Es scheint eine beinahe sträfliche Leichtfertigkeit, in dieser Zeit von Büchern, Erzählungen, Veröffentlichungen zu sprechen. Dieser Krieg sucht mein unruhiges Kopfkissen wie ein Alptraum heim. Sogar im Schlaf fühle ich mich bedrückt, und der Augenblick des Erwachens bringt keine Erleichterung, im Gegenteil.*²⁷³ Trotzdem freute er sich über den Erfolg des Romans, der im März 1915 zunächst in Amerika, im September dann in England erschien. In der Vorrede spricht er von der *persönlichen Nähe*, die er diesem Buch gegenüber empfinde – das Schicksal Axel Heysts, der an seiner *allumfassenden Überlegenheit* zugrunde gegangen war (Conrad nennt ihn *the man of universal detachment*²⁷⁴), muß vor dem Hintergrund des Krieges eine besondere Aktualität gewonnen haben. Der Krieg zwang die Menschen, Stellung zu beziehen und widerlegte aufs deutlichste den Traum von einem Leben in selbstgewählter Isolation.

*Conrads Sohn Borys
als Soldat
im Ersten Weltkrieg*

Eine Erzählung ragt aus den Werken der Spätzeit hervor. Sie ist Borys und *all denen in Liebe zugeeignet, die, wie er, in früher Jugend die Schattenlinie ihrer Generation überschritten haben*[275]: Borys hatte sich im Sommer 1915, noch keine achtzehn Jahre alt, freiwillig zur Armee gemeldet. *Die Schattenlinie* ist eine autobiographische Erzählung, *ein Bekenntnis*, wie es im Untertitel heißt; sie geht zurück auf Conrads erste Reise als Kapitän der «Otago». In der Art und Weise, wie sie die Stimmung eines Schiffsoffiziers zwischen Jugend und Mannesalter beschwört, von der Bürde der Pflicht und dem Stolz auf eine vielen Widrigkeiten zum Trotz erbrachte Leistung erzählt, in der ihr eigenen atmosphärischen Dichte und dem besonderen Ton Conradschen Erzählens ist sie ohne Frage früheren Seegeschichten wie *Jugend, Taifun* oder auch *Der geheime Teilhaber* ebenbürtig.

Im Mittelteil zitiert der Ich-Erzähler aus einem Tagebuch, das er während der Reise geführt hat. Das Schiff liegt seit Tagen in einer Flaute fest, die Mannschaft ist fieberkrank, und der junge Kapitän droht zu verzweifeln: *«Am Himmel spielt sich etwas ab, ein gewisser Zerfall, der wie eine Auflösung der Luft aussieht, die so regungslos bleibt wie immer. Doch schließlich sind es nur Wolken, die vielleicht – vielleicht auch nicht – Wind oder Regen bringen... Mir ist zumute, als kämen jetzt alle meine Sünden an den Tag und verfolgten mich. Aber wahrscheinlich bedrückt mich nur, daß das Schiff immer noch unbeweglich, steuerlos daliegt und daß mich nichts davon ablenkt, indes sich meine Phantasie die furchtbarsten Bilder von dem Schlimmsten ausmalt, das uns noch zustoßen könnte... Wir haben jeden Fetzen Segeltuch stehen, seitdem wir in der Mündung des Meinam den Anker aus dem Grund brachen vor fünfzehn Tagen... oder fünfzehn Jahrhunderten. Mir scheint mein ganzes Leben vor diesem folgenschweren Tag unendlich weit entfernt, eine längst verblaßte Erinnerung an eine sorgenlose Jugend, etwas, das jenseits eines Schattens liegt... Wir sind nicht mehr in der Lage, ein anderes Stell Segel unterzuschlagen; ein unfaßlicher Gedanke, aber es ist die Wahrheit. Vielleicht werden wir die Masten verlieren... Es ist, als sei man an Händen und Füßen gefesselt worden, damit einem die Kehle durchschnitten werde. Und was mich am meisten dabei erschreckt, ist die Tatsache, daß ich davor zurückschrecke, an Deck zu gehen, um dem Kommenden entgegenzutreten... Schon immer habe ich den Verdacht gehabt, daß ich vielleicht zu nichts tauge. Und nun habe ich den Beweis dafür. Ich drücke mich vor meiner Pflicht. Ich tauge nichts!»*[276] Stellen von solch unmittelbarer Betroffenheit sind in den Werken, die noch folgen, selten.

Es ist vielleicht kein Zufall, daß Conrad gerade die Veröffentlichung von *Die Schattenlinie* zum Anlaß nahm, nach 22 Arbeitsjahren zurückzublicken und das Ziel seiner künstlerischen Arbeit noch einmal deutlich zu formulieren, offensichtlich darum bemüht, sein Werk vor Mißverständnissen zu schützen. Ein Brief, den er damals an einen ihm befreundeten Kritiker schrieb, klingt fast wie ein Vermächtnis: *Ich bin ein Schriftsteller der See, der Tropen genannt worden, ein beschreibender Schriftsteller, ein romantischer Schriftsteller – und auch ein Realist. Aber tatsächlich hat all mein Bemühen dem ideellen Wert der Dinge, Ereignisse und Personen gegolten. Nur dem, und nichts anderem. Die humorvollen, traurigen, leiden-*

schaftlichen, gefühlvollen Seiten sind von allein hinzugekommen – mais en vérité c'est les valeurs idéales des faits et gestes humains qui se sont imposés à mon activité artistique (aber in Wahrheit sind es die ideellen Werte des menschlichen Tuns und Handelns, die meine Tätigkeit als Künstler bestimmt haben). *All meine darstellerischen und erzählerischen Gaben nutze ich immer, instinktiv, mit dem Ziel – les valeurs idéales aufzuspüren und sichtbar zu machen.*[277] Die ideellen Werte, das sind, im Verständnis Conrads, die Motive menschlichen Handelns, das, was die *Haltung* eines Menschen bestimmt, es sind die moralischen Prinzipien und Tugenden, die den Menschen leiten. Daß er sie, fast am Ende seines Schaffens angelangt, noch einmal so hervorhebt (wie oft, wenn er einen Gedanken besonders betont, greift er auf die französische Sprache zurück), zeigt, wie ernst er sie nahm. Es zeigt auch, warum sein Werk von jüngeren Autoren wie T. S. Eliot, Ezra Pound, James Joyce, D. H. Lawrence oder Virginia Woolf zunächst wenig beachtet wurde (*Herz der Finsternis* ist eine Ausnahme) – die englische Literatur folgte in jenen Jahren anderen Wegen und setzte andere, weniger an Problemen der Haltung als an jenen der künstlerischen Form, der Sprache und der Darbietungsweise orientierte Akzente.

Gelegenheit zum Rückblick gab Conrad auch eine Ausgabe seiner gesammelten Werke, die seine Verleger Doubleday in Amerika und Heinemann in England herausbrachten, zunächst in einer «de Luxe Edition»

*Oswalds,
Conrads letzter Wohnsitz*

mit einer Auflage von nur 750 gedruckten Exemplaren. Der Erzähler hatte sich verpflichtet, jedem Band eine *Vorbemerkung des Autors* voranzuschicken. Ab Anfang des Jahres 1919 in unregelmäßiger Folge verfaßt, demonstrieren diese Vorbemerkungen noch einmal sehr deutlich, welches Bild der Autor Conrad seinen Lesern von sich selbst vermitteln wollte – das eines gelassen über den Dingen stehenden, durch seine Erfahrungen auf See und in fernen Ländern gereiften Mannes, der fast beiläufig zur Literatur fand, einfachen Herzens, aufrichtig und mit seinen Lesern einig in der Überzeugung, daß man der Welt mit Anstand begegnen müsse. Von den Qualen, die ihm das Schreiben bereitete, von seinem Ehrgeiz als Künstler und den Zielen, die er in seinen Werken verfolgte, sagt Conrad wenig, dagegen erzählt er gern und in bunten Farben von den Vorbildern für seine fiktiven Personen. So erwecken die *Vorbemerkungen* den Eindruck eines fast heiteren Lebens, das hinter den Büchern steht. Dabei war Conrad, als er sie schrieb, häufig in schlechter Verfassung, kränkelnd, von Altersbeschwerden geplagt und irritiert ob seiner abnehmenden Schaffenskraft.

Die Lebensjahre, die Conrad nach der Fertigstellung der Erzählung *Die Schattenlinie* verblieben, haben nicht viel Lichtes. Er schrieb wenig; erst im August 1917 nahm er mit dem Roman *Der goldene Pfeil* wieder eine größere Arbeit in Angriff. Dieser ist sein vielleicht schwächstes Werk, voller Pathos, aber weder in den Personen noch in der Darstel-

Anthony Quinn als Kapitän Peyrol (links), in der Verfilmung von «Der Freibeuter», 1967

lungsweise von besonderem Reiz. Den größten Teil des Romans hat Conrad diktiert, einmal weil er wegen der Gicht in seinen Händen kaum schreiben konnte, zum anderen weil er auf diese Weise schneller vorankam. Bereits im Juni 1918 hatte er den Roman abgeschlossen. Über seinen Wert machte er sich keine Illusionen: *Keine Farbe, keine Plastizität, kein eigener Ton ... Und wenn ich damit fertig bin, verkaufe ich ihn auf dem Markt für zwanzigmal so viel Geld, wie ich für den «Nigger» und dreißigmal so viel, wie ich für «Spiegel der See» bekommen habe*, schrieb er an seinen alten Freund Ted Sanderson.[278]

Auch die übrigen Werke der letzten Jahre zeigen nur wenig von der Kraft des Erzählens, über die Conrad früher verfügte. Ein Roman über die Zeit Napoleons während der Verbannung auf Elba, mit dem der Erzähler sich in Gedanken lange beschäftigt hatte, blieb Fragment und wurde erst postum unter dem Titel *Spannung* veröffentlicht. Mehrfach versuchte sich Conrad als Theaterautor: er dramatisierte sowohl den Roman *Der Geheimagent* wie die Erzählung *Der Dollars wegen*; beiden Stücken war indessen nur wenig Erfolg beschieden. Ähnliches gilt für den früheren Versuch *One Day More*, eine dramatisierte Fassung der Geschichte *To-morrow* (*Morgen*), den Conrad bereits im Jahre 1904 unternommen hatte. Eine Arbeit aus dieser Zeit aber verdient besondere Erwähnung, der Roman *Der Freibeuter*. Conrad diktierte ihn in der Zeit von Oktober 1921 bis Juli 1922; im Juni 1922 berichtete er: *Zum Schluß kam das Ganze wie durch einen Dammbruch über mich.*[279] Der englische Titel *The Rover* läßt auch andere Assoziationen als solche an Seeräuber und Piraten zu – das Wort kann ebenso den ruhelos Wandernden bezeichnen,

1923

den unsteten Menschen, den es von einem Ort zum andern zieht: Conrad mag an seinen eigenen Lebensweg gedacht haben. Peyrol, der Held des Romans, jedenfalls ist ein solcher Mann; freilich ist er auch *ein Küstenbruder, einer jener seltsamen Bruderschaft, deren ungeschriebene Satzung ... viel Piratenhaftes enthielt*[280]. Nach langen Jahren auf fremden Meeren ist er in seine französische Heimat zurückgekehrt, an diese *südliche Küste, die ihn so unwiderstehlich gelockt, seitdem er sich auf seiner ... letzten Reise der Meerenge von Gibraltar genähert hatte*[281]. *Dieser Freibeuter betrug sich, als verfüge er über alle Zeit der Welt*[282], heißt es – er will sich zur Ruhe setzen, der Welt und insbesondere der Revolution den Rücken kehren, denn er ist mit sich selbst im reinen und steht jenseits von Gut und Böse. Am Ende opfert er sein Leben für einen jungen französischen Leutnant, damit dieser das geliebte Mädchen heiraten kann.

Joseph Conrad erzählt die Geschichte mit spürbarer Anteilnahme und mit Freude am Detail; seine Schilderungen vor allem der mediterranen Landschaft zeigen, wie sehr er sich in seiner Phantasie mit der Welt Peyrols identifiziert. Der Schlußabschnitt illustriert den versonnen elegischen Ton, der weite Teile des Romans bestimmt: *Hoch über den Hügeln von Esterel schwebten rosafarbene Wölkchen. Der Hauch des Abendwindes kam, die heißen Steine von Escampobar zu kühlen. Und der Maulbeerbaum, der einzige große Baum auf der Halbinsel, der wie eine Schildwache vor dem Hoftor stand, erschauerte mit all seinen Blättern, als betraure er den Küstenbruder, den Mann der dunklen Taten und des großen Herzens, der so oft zur Mittagsstunde in seinem Schatten geruht hatte.*[283] An Arnold Bennett, dem er ein Exemplar des Romans schickte, schrieb Conrad: *Es kommt mir vor, als liege die Dämmerung schon auf diesen Seiten.*[284]

Der Freibeuter erschien im Dezember 1923. In einem Brief an Garnett sagt Conrad, er habe *wenigstens noch einmal* vor seinem Tod *ein Kunstwerk auf knappem Raum schaffen* wollen.[285] Gewiß wird man den Roman nicht an den großen Werken des Erzählers messen dürfen, aber seinem Charme können sich nur wenige Leser entziehen. Er stellt die letzte Phase im Schaffen des Erzählers in ein ausnahmsweise helles und klares Licht.

Im Oktober 1919 hatten die Conrads abermals ein neues Haus bezogen, das im Ort Bishopsbourne unweit von Canterbury gelegene Landhaus Oswalds. Diesmal war der Umzug nicht auf eigenen Wunsch erfolgt – der Besitzer von Capel House wollte dieses selbst nutzen. Aber Conrad störte die Veränderung nicht. Vielleicht begrüßte er sie sogar; Unruhe dieser Art nahm er auch im Alter gern auf sich. Noch Anfang des Jahres 1921 machte er gemeinsam mit Jessie, einem Chauffeur und einer Betreuerin für seine Frau eine Reise nach Korsika, ein aufwendiges Unternehmen, an dem zeitweise auch Borys und G. Jean-Aubry, Conrads französischer Freund, Übersetzer und späterer Biograph, teilnahmen. Im Automobil – Conrad hatte eine Vorliebe für Autos und war schon im

Während der Amerika-Reise, 1923

Jahre 1912 stolzer Besitzer eines zweisitzigen Cadillacs geworden – reiste die Gruppe durch Frankreich. Über die Tage, die sie in Marseille verbrachten, gibt es keine Aufzeichnungen Conrads; nur Jessie erwähnt in ihren Erinnerungen, daß er ihr «die Stätten seiner Jugend» gezeigt habe.[286] Der mehrwöchige Aufenthalt auf Korsika brachte allerdings nicht die gewünschte Ablenkung; ähnlich wie bei früheren Expeditionen war Conrad nervös und reagierte gereizt auf seine Umgebung.

Zwei Jahre später, Ende April 1923, brach Conrad erneut zu einer längeren Reise auf. Auf Einladung seines Verlegers Doubleday besuchte er die Vereinigten Staaten, zunächst widerwillig, dann mit wachsender Anteilnahme. Der überaus freundliche Empfang, der ihm bereitet wurde, die Aufmerksamkeit, die sein Besuch in der Presse fand, und die großzügige Gastfreundschaft der Doubledays überwältigten ihn; in einem Brief an Jessie schreibt er, er fühle sich *wie im Traum*[287]. Der Höhepunkt der Reise war eine Lesung aus dem Roman *Sieg* vor 200 geladenen Gästen, *eine höchst glanzvolle Angelegenheit*, wie Conrad bemerkte; *am Ende, als ich das Kapitel über Lenas Tod vorlas, hörte man das unterdrückte Schluchzen der Zuhörer*[288]. In ähnlichem Rahmen war Conrad nie zuvor aufgetreten, aber wie bei seinen Begegnungen mit der Presse bemühte er sich, den an ihn gestellten Erwartungen gerecht zu werden. Er wußte, daß es bei solchen Anlässen nicht zuletzt um die Verkaufszahlen seiner Bücher ging. Immer noch *etwas verwirrt*[289], aber im ganzen befriedigt, kehrte er Anfang Juni nach Hause zurück.

Der späte Ruhm und die öffentlichen Ehrungen, die ihm in seinen letzten Lebensjahren angetragen wurden, täuschten Conrad nicht darüber hinweg, daß die Zeit seiner großen Leistungen fast ein Jahrzehnt zurücklag. Nicht ohne Bitterkeit registrierte er die Tatsache, daß seine Manuskripte bei einer Versteigerung in New York im November 1923 ein Vielfaches von dem erzielten, was der Sammler John Quinn einst für sie bezahlt – und mehr als der Autor je für seine Werke bekommen hatte. Ob er sich bisweilen eines Briefes erinnerte, den er schon im Jahre 1902 an seinen Agenten Pinker geschrieben hatte? Damals mußte er sich gegen den Vorwurf verwahren, er sei ein Versager: *Können Sie sich überhaupt vorstellen, worum ich mich bemühe?* hatte er Pinker gefragt und dann hinzugefügt: *Ich bin keiner Ihrer Billigautoren, die drei Fortsetzungsromane zur gleichen Zeit schreiben. Ich bin kein Mensch von dieser Sorte ... Und reden Sie mir nicht von Scheitern, verdammt noch mal! Denn Sie und ich haben sehr unterschiedliche Auffassungen von dem, was Scheitern heißt ... Ich will gern die Zukunft darüber urteilen lassen, ob der Begriff auf mich zutrifft.*[290]

Die Zukunft hat Conrad recht gegeben. Sein Rang als einer der großen europäischen Erzähler ist unumstritten, und seine Werke haben zahlreiche Spuren in der erzählenden Literatur unseres Jahrhunderts hinterlassen. F. Scott Fitzgerald, Ernest Hemingway und vor allem William Faulk-

Zwei Wochen vor seinem Tod

ner stehen deutlich unter ihrem Einfluß; Graham Greene hat mehr als einmal bekannt, wieviel er ihnen verdanke. Ihre Wirkung ist nicht allein auf die erzähltechnischen Neuerungen zurückzuführen, die sie enthalten; sie ist allgemeinerer Art und hängt eng mit der Besonderheit der schriftstellerischen Existenz Conrads zusammen. Zeit seines Lebens war er ein Fremder, sich selbst überlassen, bindungslos. In der Gestaltung dieser Erfahrung und der «Reise nach innen» (A. Guerard), in immer tiefere Schichten des Selbst, hat er ein spezifisch modernes, dem 20. Jahrhundert offenbar stärker als früheren Zeiten eigenes Lebensgefühl angesprochen.

Trotz aller vorangegangenen Leiden kam Conrads Tod plötzlich. Am 3. August 1924 starb er an den Folgen eines Herzanfalls. Noch zwei Tage zuvor hatte er seinem Freund Richard Curle gesagt: *Mein Kopf scheint klarer, als er seit Monaten gewesen ist, und ich werde meine Arbeit bald wieder in den Griff bekommen.*[291] Die Trauerfeier fand in der katholischen St. Thomas-Kirche in Canterbury statt; Conrads Grabstätte liegt auf dem städtischen Friedhof etwas außerhalb der alten Stadtmauern.

Anmerkungen

Soweit nicht anders angegeben, sind die Texte Conrads nach der Ausgabe im S. Fischer Verlag, Gesammelte Werke in Einzelbänden, Frankfurt a. M., 1962f, zitiert worden. Solche Stellen, an denen die deutschen Übersetzungen durch den Verf. ergänzt bzw. modifiziert wurden, sind durch einen Hinweis auf die englische Ausgabe der Werke Conrads, The Medallion Edition of the Works of Joseph Conrad, London, 1925f, gekennzeichnet [e]. Aus dieser Ausgabe stammen auch die Zitate aus Werken Conrads, die bisher nicht in deutscher Übersetzung vorliegen und vom Verf. übersetzt wurden. Um Platz zu sparen, wurden für die Titel Kurzformen verwendet; vollständige Angaben enthält die Bibliographie. Die Übersetzungen aller weiteren Zitate stammen, wenn nicht anders angegeben, vom Verf.

Abkürzungen:

Baines	= Jocelyn Baines, Joseph Conrad: A Critical Biography
Blackwood	= Joseph Conrad, Letters to William Blackwood and David S. Meldrum
CL	= The Collected Letters of Joseph Conrad, Bd. 1 und 2
CPB	= Zdzisław Najder (Hg.), Conrad's Polish Background
CUFE	= Zdzisław Najder (Hg.), Conrad under familial eyes
Curle	= Richard Curle, Conrad to a Friend: 150 Selected Letters
Dawson	= Joseph Conrad and Warrington Dawson: The Record of a Friendship
Garnett	= Letters from Joseph Conrad, 1895–1924
Graham	= Joseph Conrad's Letters to R. B. Cunninghame Graham
JCC	= Jessie Conrad, Joseph Conrad and his Circle
LL	= G. Jean-Aubry, Joseph Conrad: Life and Letters, 2 Bde.
Najder	= Zdzisław Najder, Joseph Conrad: A Chronicle
Watt	= Ian Watt, Conrad in the Nineteenth Century

1 *Über mich selbst*, 16
2 *Notes on Life and Letters*, 145
3 *Über mich selbst*, 25; e XXIII
4 CPB, 240
5 CL I, 389
6 *Über mich selbst*, 18
7 Zit. nach Morf, The Polish Shades, 22, und Najder, 11
8 *Geschichten vom Hörensagen*, 450
9 CL II, 246
10 CL II, 245
11 CUFE, 129
12 *Über mich selbst*, 11; *Notes on Life and Letters*, 109
13 CUFE, 95; 98
14 *Über mich selbst*, 11
15 CL II, 247
16 CL II, 245; *Über mich selbst*, 57; e 28f
17 *Über mich selbst*, 101; e 71
18 Ebd., 102f, e 72
19 CUFE, 199
20 CPB, 35f
21 Ebd., 239

22 Zit. nach Najder, 35
23 *Über mich selbst*, 40; e 13
24 Ebd., 71
25 CPB, 39
26 *Über mich selbst*, 64
27 LL II, 157
28 *Über mich selbst*, 157; e 122
29 Ebd., 73
30 *Spiegel der See*, 200
31 *Über mich selbst*, 158
32 Ebd., 161
33 *Spiegel der See*, 210f
34 Curle, no. 120
35 CPB, 176
36 Ebd., 178
37 Ebd.
38 *Über mich selbst*, 153
39 CPB, 55
40 *Notes on Life and Letters*, 150f
41 Ebd., 151
42 CPB, 71
43 Ebd., 81; Curle, no. 118
44 *Jugend. Herz der Finsternis. Das Ende vom Lied,* 36
45 CL I, 7f
46 Ebd., 12
47 Zit. nach Najder, 78
48 LL I, 76
49 Baines, 103
50 CL I, 15
51 Ebd., 17
52 Ebd., 15f. Die Übersetzung des Briefes ist aus Frederick R. Karl, Joseph Conrad: Eine Biographie, deutsch v. Christian Spiel, Hamburg 1983, 201f, übernommen.
53 *Über mich selbst*, 155
54 *Der Nigger von der «Narzissus». Die Schattenlinie*, 208f
55 Ebd., 260
56 *Last Essays*, 18
57 Zit. nach Najder, 108f
58 Ebd., 109f
59 *Über mich selbst*, 98
60 Ebd., 104
61 Ebd., 99
62 CL I, 153
63 *Über mich selbst*, 98; CL I, 151
64 *Über mich selbst*, 36
65 Garnett, 14f
66 *Über mich selbst*, 8f
67 Ebd., 7
68 Letters of Joseph Conrad to Marguerite Poradowska, 109; Garnett, 213f
69 *Last Essays*, 17
70 Zit. nach Maurice N. Hennessy, Congo, in: *Heart of Darkness*, hg. Robert Kimbrough, New York/London 1963, 87
71 CL I, 52
72 *Last Essays*, 161f
73 CL I, 58
74 Ebd., 59f
75 *Jugend. Herz der Finsternis. Das Ende vom Lied,* 109
76 Ebd., 96
77 Ebd., 82f
78 Garnett, 8
79 CPB, 148; 165
80 CL I, 53
81 Ebd., 60
82 Ebd., 50
83 *Über mich selbst*, 46
84 CL I, 72
85 Ebd., 73
86 Ebd., 75
87 Ebd., 78
88 Ebd., 109
89 Ebd., 124
90 Ebd., 113
91 CPB, 154; 152f
92 *Über mich selbst*, 44
93 Zit. nach Baines, 165
94 CL I, 128
95 Ebd., 136
96 *Über mich selbst*, 39
97 CL I, 148
98 *Über mich selbst*, 59
99 CL I, 160
100 Ebd., 163
101 Ebd., 169
102 Ebd., 177
103 *Der Verdammte der Inseln. Almayers Wahn*, 7f
104 Ebd., 375f
105 CL I, 109
106 *Über mich selbst*, 118
107 Ebd., 35f
108 Zit. nach Watt, 42
109 Garnett, 10
110 Ebd., 3
111 Ebd., 9
112 CL I, 265
113 JCC, 12
114 CL I, 267f
115 Zit. nach Watt, 70
116 Zit. nach Najder, 388
117 CL I, 272
118 Ebd., 274

119 Ebd., 294
120 Ebd., 301
121 Ebd., 286f
122 Ebd., 296
123 Ebd., 246f
124 Blackwood, 27. Der Brief fehlt in CL.
125 LL II, 25
126 LL I, 321
127 Ebd., 336
128 CL I, 320
129 Ebd., 330
130 Ebd., 332
131 Zit. nach Watt, 76
132 Zit. nach Najder, 215
133 Blackwood, 200
134 Zit. nach Baines, 226f
135 *Der Nigger von der «Narzissus». Die Schattenlinie*, 35
136 LL II, 206
137 *Der Nigger von der «Narzissus». Die Schattenlinie*, 161f
138 Ebd., 57
139 Ebd., 38
140 Ebd., 23
141 Garnett, 245
142 CL I, 93
143 Garnett, 185
144 *Der Nigger von der «Narzissus». Die Schattenlinie*, 37; e 24
145 Ebd., 155; e 133
146 Ebd., 198
147 CL I, 310
148 *Der Nigger von der «Narzissus». Die Schattenlinie*, [5]
149 CL I, 323
150 Ebd., 388f
151 *Der Nigger von der «Narzissus». Die Schattenlinie*, 8; e VIII
152 Ebd., 7; e VII
153 Ebd., 9f; e IXf
154 Ebd., 10f; e Xf
155 Zit. nach Kirschner, Conrad: The Psychologist as Artist, 266
156 CL I, 183
157 Ebd., 367
158 Ebd., 349
159 CL II, 348f
160 Ebd., 284
161 Zit. nach Najder, 292
162 CL I, 252
163 CL II, 120
164 Zit. nach Stallman, The Art of Joseph Conrad, 4
165 CL II, 303
166 Ebd., 174f
167 *Notes on Life and Letters*, 17
168 Zit. nach Nettels, James and Conrad, 19
169 Graham, 6
170 Ebd., 180
171 Ebd., 68
172 CL I, 416
173 Zit. nach Stallman, Stephen Crane: A Biography, New York 1968, 328
174 CL I, 410
175 Ebd., 415
176 Ebd., 416
177 Zit. nach Stallman, Stephen Crane: A Biography, 510
178 Zit. nach Watt, 259
179 JCC, 87
180 LL I, 316. Jean-Aubry schreibt «M.»; gemeint ist «H».
181 Zit. nach Delbanco, Group Portrait, 91
182 LL II, 25
183 *Über mich selbst*, 17
184 Ebd., 18
185 Curle, The Last Twelve Years of Joseph Conrad, 41
186 Curle, no. 118
187 Ebd.
188 *Jugend. Herz der Finsternis. Das Ende vom Lied*, 63f
189 *Nostromo*, 23
190 *Jugend. Herz der Finsternis. Das Ende vom Lied*, 51
191 Ebd., 108
192 Ebd., 118
193 *Lord Jim*, 25
194 *Der Geheimagent*, 173f, e 150f
195 Ebd., 80, 86; e 61, 67
196 *Jugend. Herz der Finsternis. Das Ende vom Lied*, 171f; 119; 158; 116; 141
197 *Taifun. Zwischen Land und See*, 24
198 *Der Geheimagent*, 332
199 *Nostromo*, 579
200 *Jugend. Herz der Finsternis. Das Ende vom Lied*, 119
201 *Über mich selbst*, 23; e XXI
202 *Jugend. Herz der Finsternis. Das Ende vom Lied*, 142
203 Ebd., 120
204 Ebd., 158
205 *Lord Jim*, 128
206 *Nostromo*, 580

207 *Lord Jim*, 463
208 Ebd., 240
209 Ebd., 177; e 157
210 *Jugend. Herz der Finsternis. Das Ende vom Lied*, 172
211 Ebd.
212 Ebd., 178
213 Ebd., 180
214 Garnett, 240
215 *Taifun. Zwischen Land und See*, 254; e 125
216 *Nostromo*, 107
217 Ebd., 578; 614
218 Ebd., 99f
219 *Notes on Life and Letters*, 99f
220 *Der Geheimagent*, 194
221 Ebd., 342
222 LL II, 317
223 *Jugend. Herz der Finsternis. Das Ende vom Lied*, 172
224 *Lord Jim*, 90
225 Ebd., 463
226 Ebd.
227 *Jugend. Herz der Finsternis. Das Ende vom Lied*, 103
228 Ebd., 65
229 Ebd., 104; e 83
230 *Mit den Augen des Westens*, 126
231 Ebd., 228; e 196
232 Goetsch, «Nostromo», 54
233 *Nostromo*, 89f
234 Ebd., 581; 33
235 Aus einem Brief an J. B. Pinker, Oktober 1906. Das Original befindet sich in der Berg Collection der New York Public Library; teilweise zit. auch in Karl, Joseph Conrad: The Three Lives, 610
236 *Der Geheimagent*, 205
237 Ebd., 206 usw.
238 CL I, 382
239 Ebd., 425
240 CL II, 16f
241 *Jugend. Herz der Finsternis. Das Ende vom Lied*, 103. Der Satz von Pater zit. nach Hönnighausen, «Maske und Perspektive», 361
242 Ebd.
243 Dawson, 159
244 Graham, 117
245 Ebd.
246 LL II, 113
247 Garnett, 263
248 Zit. nach Najder, 383
249 Russell, Portraits from Memory, 84
250 Dawson, 198
251 Ebd.
252 JCC, 141
253 Zit. nach Najder, 390
254 LL II, 146; vgl. auch Najder, 375
255 *Die Rettung*, 330; e 302
256 Ebd., 9
257 *Sieg*, 189
258 Ebd., 81
259 Ebd., 200; 63
260 Ebd., 431
261 Ebd., 435
262 *Notes on Life and Letters*, 146
263 LL II, 157
264 *Notes on Life and Letters*, 164f
265 Ebd., 145
266 Ebd., 178
267 CPB, 303f
268 *Notes on Life and Letters*, 131
269 Ebd., 137
270 Garnett, 213; vgl. bes. auch LL II, 289
271 *Über mich selbst*, 9
272 *Sieg*, 439
273 LL II, 168
274 *Sieg*, 440; e X
275 *Der Nigger von der «Narzissus». Die Schattenlinie*, [199]
276 Ebd., 323ff
277 LL II, 185
278 Ebd., 198
279 Zit. nach Najder, 468
280 *Der Freibeuter*, 15
281 Ebd., 109f
282 Ebd., 81
283 Ebd., 305
284 LL II, 328
285 Garnett, 300
286 JCC, 227
287 LL II, 307
288 Ebd., 309f
289 CPB, 292
290 CL II, 370f
291 Curle, The Last Twelve Years of Joseph Conrad, 226

Zeittafel

1857	3. Dezember: Józef Teodor Konrad Korzeniowski wird in Berditschew/Polen (in der heutigen Ukraine) als einziges Kind von Apollo und Eva Korzeniowski geboren.
1861	21. Oktober: Apollo Korzeniowski wird in Warschau seiner politischen Aktivitäten wegen verhaftet.
1862	Apollo und Eva Korzeniowski werden verbannt; die Familie geht nach Wologda im nördlichen Rußland.
1863	Der Familie wird erlaubt, nach Tschernigow in der Nähe von Kiew umzusiedeln.
1865	18. April: Conrads Mutter stirbt an Tuberkulose.
1868	Apollo Korzeniowski zieht mit seinem Sohn nach Lemberg.
1869	Umzug nach Krakau. Schulbesuch. 23. Mai: Tod des Vaters. Der Onkel Tadeusz Bobrowski wird Conrads Vormund.
1873	Reise in die Schweiz mit dem Tutor Adam Pulmann.
1874	Beginn der seemännischen Laufbahn in der französischen Handelsmarine in Marseille.
1875/76	Reisen auf der «Mont Blanc» und der «Sainte-Antoine» zu den westindischen Inseln.
1878	Selbstmordversuch in Marseille. 10. Juni: Ankunft in Lowestoft/England auf dem Dampfer «Mavis». Dienst in der britischen Handelsmarine. Reisen als Vollmatrose auf der «Skimmer of the Sea» an der englischen Küste, auf dem Wollklipper «Duke of Sutherland» nach Australien.
1879	Reise auf dem Dampfer «Europa» im Mittelmeer.
1880	Prüfung als Zweiter Steuermann in London. Reise als Dritter Offizier auf dem Klipper «Loch Etive» nach Australien.
1881–1883	Reise als Zweiter Offizier auf der «Palestine» nach Bangkok. Juli/August 1883: Mit Tadeusz Bobrowski in Marienbad und Teplitz in Böhmen. September 1883: Reise als Zweiter Offizier auf der «Riversdale» nach Madras.
1884	Reise als Zweiter Offizier auf der «Narcissus» von Bombay nach Dünkirchen. 3. Dezember: Prüfung als Erster Steuermann in London.
1885	Reise als Zweiter Offizier auf der «Tilkhurst» nach Singapur und Kalkutta.
1886	19. August: Erwerb der britischen Staatsangehörigkeit. 10. November: Prüfung als Kapitän der britischen Handelsmarine in London.
1887	Reise als Erster Offizier auf der «Highland Forest» nach Java. Kran-

	kenhausaufenthalt in Singapur. Reisen als Erster Offizier auf der «Vidar» nach Borneo.
1888	Kapitän der Bark «Otago». Reisen von Bangkok nach Singapur, Sydney, Mauritius.
1889	Rückkehr nach Europa als Passagier auf dem Dampfer «Nürnberg». Beginn der Arbeit an *Almayers Wahn*.
1890	Besuch des Onkels in Polen. Bekanntschaft mit Marguerite Poradowska. Reise in den Kongo.
1891–1893	Reisen als Erster Offizier auf der «Torrens» nach Australien. Beginn der Freundschaft mit Galsworthy und Edward Sanderson.
1893	Zweiter Offizier auf der «Adowa» in Rouen.
1894	Tod des Onkels Tadeusz Bobrowski. Beginn der Freundschaft mit Edward Garnett.
1895	*Almayer's Folly* (*Almayers Wahn*) erscheint im Verlag Fisher Unwin unter dem Namen Joseph Conrad.
1896	*An Outcast of the Islands* (*Der Verdammte der Inseln*). 24. März: Heirat mit Jessie George. Aufenthalt an der bretonischen Küste. Wohnung in Stanford-le-Hope/Essex. Bekanntschaft mit H. G. Wells.
1897	*The Nigger of the «Narcissus»* (*Der Nigger von der «Narcissus»*). Bekanntschaft mit Henry James. Beginn der Freundschaft mit R. B. Cunninghame Graham und Stephen Crane.
1898	Geburt des Sohnes Borys. Umzug nach Pent Farm bei Hythe/Kent. *Youth* (*Jugend*) erscheint in «Blackwood's Magazine». *Tales of Unrest* (*Geschichten der Unrast*).
1899	*Heart of Darkness* (*Herz der Finsternis*) erscheint in «Blackwood's Magazine». Beginn der Zusammenarbeit mit Ford Madox Ford.
1900	*Lord Jim*.
1901	*The Inheritors* (mit Ford Madox Ford).
1902	*Youth: A Narrative and Two Other Stories* (*Jugend, Herz der Finsternis, Das Ende vom Lied*).
1903	*Typhoon and Other Stories*.
1904	*Nostromo*. Arbeit an *One Day More*, einer dramatisierten Fassung der Erzählung *To-morrow* (*Morgen*).
1905	Reise nach Capri.
1906	*The Mirror of the Sea* (*Spiegel der See*). Aufenthalt in Montpellier. Geburt des Sohnes John.
1907	*The Secret Agent* (*Der Geheimagent*). Aufenthalte in Montpellier und Genf. Umzug nach Someries in der Nähe von Bedford/Bedfordshire.
1908	*A Set of Six* (*Sechs Erzählungen*).
1909	Umzug nach Aldington/Kent. Arbeit an *The Secret Sharer* (*Der geheime Teilhaber*).
1910	Physischer und nervlicher Zusammenbruch. Umzug nach Capel House in der Nähe von Ashford/Kent.
1911	*Under Western Eyes* (*Mit den Augen des Westens*).
1912	*Some Reminiscences* (späterer Titel: *A Personal Record*) (*Über mich selbst*). *'Twixt Land and Sea* (*Zwischen Land und See*), Erzählungen. Beginn der Freundschaft mit Richard Curle.
1913	*Chance* (*Spiel des Zufalls*). Bekanntschaft mit Bertrand Russell.

1914	25. Juli–2. November: Reise nach Polen.
1915	*Within the Tides* (*Im Wechsel der Gezeiten*), Erzählungen. *Victory* (*Sieg*).
1917	*The Shadow-Line* (*Die Schattenlinie*).
1919	Umzug nach Oswalds in Bishopsbourne/Kent. *The Arrow of Gold* (*Der goldene Pfeil*). Arbeit an dramatisierter Fassung von *The Secret Agent*.
1920	*The Rescue* (*Die Rettung*). Arbeit an *Laughing Anne*, einer dramatisierten Fassung der Erzählung *Because of the Dollars* (*Der Dollars wegen*).
1921	Reise nach Korsika. *Notes on Life and Letters*. Arbeit an *Suspense* (*Spannung*). Übersetzung von Bruno Winawers «Ksiega Hioba» («Das Buch Hiob»).
1923	1. Mai–2. Juni: Reise in die USA. *The Rover* (*Der Freibeuter*).
1924	3. August: Tod durch Herzversagen. Begräbnis in Canterbury.

Zeugnisse

E. M. Forster
Conrad ist verschwommen, im Zentrum wie an den Rändern... das geheime Kästchen seines Genies enthält kein Juwel, sondern Dunst.
Der Stolz des Mr. Conrad, 1921

Ernest Hemingway
Nichts, was ich je gelesen habe, hat mir so viel gegeben, wie mir jedes Buch von Conrad gegeben hat. *Conrad, 1924*

André Gide
Nichts konnte herzlicher, reiner und männlicher sein als sein Lachen, seine Erscheinung, seine Stimme. Aber... man ahnte, daß er leidenschaftlich und unbeherrscht sein konnte. Obwohl er immer danach trachtete, die dunklen Stellen in der Seele des Menschen zu erforschen, verabscheute er jedes Zeichen von Gemeinheit, Hinterlist oder Doppelzüngigkeit. Und... was ich vielleicht am meisten an ihm schätzte, war die ihm eigene Vornehmheit, kraftvoll, hochmütig, ein wenig verzweifelt, die gleiche Eigenschaft, die er Lord Jim verlieh und die dieses Buch zu einem der schönsten macht, das ich kenne...
Conrad, 1924

Arthur Symons
Conrad zu lesen, heißt, am Rande eines Abgrunds zu erschauern, in einer stummen Finsternis.
Aufzeichnungen über Joseph Conrad, 1925

Thomas Mann
Die Liebe des Polen zum Seemännischen, das ihm das Englische war, wird von Anfang an mit tiefer Sympathie für englisches Wesen überhaupt, englische Lebenshaltung und -stimmung, englischen Tonfall und Sprachgeist verbunden gewesen sein, ohne Sprachlich-Geistiges geht es von vornherein nicht ab bei einer solchen Leidenschaft... und er wäre kaum ein englischer Schriftsteller geworden... wenn nicht das Dichterische immer ein schlägig gewesen wäre in seinem Träumen und Tun, wenn nicht sein ganzes exzentrisches Trachten aus den natürlichen Bindungen weg in eine fremde, geheimnisvoll wahlverwandte Sphäre schon das eines Phantasten und Poeten gewesen wäre...
Vorwort zu «Der Geheimagent», 1926

John Galsworthy
Es ist die Aufgabe des Menschen, der Natur mit festem und treuem Herzen entgegenzutreten – das war Conrads Überzeugung, darin sah er die Würde des Lebens... Immer blieb er an den Menschen interessiert, fasziniert vom

«Jede Nation ist im Ausland ...

... hauptsächlich durch ihre Untugenden bekannt», hat Joseph Conrad, fast zwanzig Jahre im Dienst der britischen Handelsmarine in aller Welt unterwegs, bemerkt.

Er mag recht haben: Von uns Deutschen glaubt man zu wissen, daß wir Autoritäten blind gehorchen, täglich Sauerkraut essen und unangenehm fleißig sind. Aber weiß man auch, wie fleißig wir sparen?

Pfandbrief und Kommunalobligation

Meistgekaufte deutsche Wertpapiere - hoher Zinsertrag - bei allen Banken und Sparkassen

Verbriefte Sicherheit

großartigen Schauspiel ihres Ringens in einem Kosmos, über den er sich keine Illusionen machte. *Erinnerungen an Joseph Conrad, 1927*

Joseph Roth
Lieber Onkel, ich weiß, daß Sie keine Bücher lesen. Trotzdem gebe ich Ihnen einige. Ein Mann hat sie geschrieben, namens *Joseph Conrad*. Er war ein Pole von Geburt. Er wurde im tiefsten Kontinent geboren, nämlich in Wolynien... und seine Muttersprache war die polnische, die zu den kontinentalsten Sprachen der Welt gehört. Aber er ging mit 16 Jahren nach Marseille, bestieg ein Schiff, wurde ein Matrose und fuhr durch die Meere und wurde einer der größten Meister der ozeanischen Sprachen: der englischen. Und dies sind seine Bücher. Sie sind bewegt wie das Meer und ruhig wie das Meer und tief wie das Meer... Lesen Sie den Ozean!
Geschenk an meinen Onkel, 1928

Stefan Andres
Das Leben des Ur-Seemanns empfängt seine Sicherheit vom Schiff und der Kunst, die es erbaut, und der Kunst, die es lenkt. Diese Grundlagen seiner Sicherheit sind aber ständig bedroht... Und das ist auch der Grund, warum das Schiff für den Ur-Seemann und mithin für Conrad und seine Helden eine Stellung einnimmt, die einen religiösen und fast möchte man sagen: erotischen Charakter hat. Das Schiff ist in der Tat sein Altar, auf dem er täglich sein Leben darbringt, in selbstentäußerter Pflichterfüllung, im Wagnis, in der Begegnung mit den Mächten.
Das Schiffsmodell: Zum Wesen und Werk Joseph Conrads, etwa 1952

Günter Blöcker
Der Rückfall ins Barbarische – kaum jemand hat ihn so sicher geahnt, niemand ihn so eindringlich dargestellt wie Joseph Conrad.
Die neuen Wirklichkeiten: Linien und Profile der modernen Literatur, 1957

Peter Bichsel
Auch Joseph Conrad läßt dem Schicksal seiner Figuren erbarmungslos seinen Lauf; daran hatte ich mich als Leser nach und nach zu gewöhnen. Aber im Unterschied zu anderen Autoren war er im Augenblick der Katastrophe anwesend, er ließ mich nicht mit dem Opfer allein... Der Autor ist auf jeder Seite präsent... im Gehrock und Hut, wie mir scheint. *Der Leser. Das Erzählen, 1982*

Brigitte Kronauer
Das also... ist das Conradsche Urerlebnis: Das Aufstrahlen der Welt und ihr Verdunkeln, das verheißungsvolle Licht auf ihren Dingen und die Ernüchterung... Er hat es zum Prinzip seiner Geschichten gemacht. Er muß es so erlebt haben, das magische Leuchten einer Sache, einer Person, eines Umstands, und das grausame Erwachen im Herkömmlichen. Dieses Erlebnis, diesen Schock bereitet er nun, unersättlich wie im Verhängen einer Buße, seinen Lesern.
Berittener Bogenschütze, 1986

Christa Wolf
Der da, dieser Autor, hat gewußt, was Trauer ist. Er hat sich, nicht nur in Gedanken, mitten hineinbegeben in den blinden Fleck jener Kultur, der auch er angehörte. Unerschrocken ins Herz der Finsternis. Und das Licht, das ja auch ihn geleitet haben muß, hat er gesehen als einen «wandernden Sonnenfleck auf einer Ebene, wie ein Blitz in Wolken». *Störfall. Nachrichten eines Tages, 1987*

Bibliographie

Die sehr umfängliche wissenschaftliche Literatur über Joseph Conrad kann im folgenden nur in einer beschränkten Auswahl genannt werden. Über die Entwicklung der Forschung informiert zuverlässig der Band von Ferdinand Schunck in der Reihe «Erträge der Forschung» (1979); die Rezeption der Werke Conrads in der Kritik zeichnet Norman Sherry in «Conrad: The Critical Heritage» (1973) nach. Sehr hilfreich ist weiterhin die kommentierte Bibliographie von Teets und Gerber (1971). Die Zeitschrift «Conradiana: A Journal of Joseph Conrad Studies» weist auf alle einschlägigen Neuerscheinungen hin und enthält jährliche Bibliographien. Weitere Informationen finden sich in den Zeitschriften «The Conradian: Journal of the Joseph Conrad Society (U.K.)» und «Joseph Conrad Today: Newsletter of the Joseph Conrad Society of America».

1. Werke

a) Gesamtausgaben

The Works of Joseph Conrad. London 1921–1928, 20 Bände

The Works of Joseph Conrad. Uniform Edition. London/Toronto 1923–1928, 22 Bände

The Medallion Edition of the Works of Joseph Conrad. London 1925–1928, 22 Bände

Collected Works of Joseph Conrad. The Memorial Edition. New York 1926, 21 Bände

Collected Edition of the Works of Joseph Conrad. London 1946–1955, 21 Bände

Joseph Conrad. Gesammelte Werke in Einzelbänden. Berlin 1926–1939, 22 Bände

Joseph Conrad. Gesammelte Werke in Einzelbänden. Frankfurt/Main 1962–1984, 19 Bände

b) Einzelausgaben (nach dem Erscheinungsjahr)

Almayer's Folly. London/New York 1895. Dt. Almayers Wahn. Übers. v. Elsie McCalman, Berlin 1935. Unter dem Titel Almayers Traum: Die Geschichte von einem fernöstlichen Fluß übers. v. Benvenuto Hauptmann, Zürich 1949. Neu übers. v. Günther Danehl, Frankfurt/Main 1964, Heide Steiner, Leipzig 1982

An Outcast of the Islands. London/New York 1896. Dt. Der Verdammte der Inseln. Übers. v. Elsie McCalman, Berlin 1934. Neu übers. v. Günther Danehl, Frankfurt/Main 1964.

The Nigger of the «Narcissus». London 1897. (Unter dem Titel Children of the Sea: A Tale of the Forecastle, New York 1897). Dt. Der Nigger vom «Narzissus». Übers. v. Ernst W. Günter [d. i. Ernst W. Freissler], München 1912. Unter dem Titel Der Nigger von der «Narcissus» neu übers. v. Ernst Wagner, Frankzfurt/Main 1971. Weitere Übersetzungen v. Lore Krüger, Berlin/Weimar 1977, Elli Berger, Leipzig 1979

Tales of Unrest [The Idiots, Karain: A Memory, The Lagoon, An Outpost of Progress, The Return]. London/New York 1897. Dt. Geschichten der Unrast [Karain: Eine Erinnerung, Die Idioten, Ein Vorposten des Fortschritts, Die Rückkehr, Die Lagune]. Übers. v. Fritz Lorch, Frankfurt/Main 1963 (als Teil des Bandes Geschichten der Unrast und Sechs Erzählungen). Vgl. auch Ein Vorposten des Fortschritts und andere Erzählungen. Übers. v. Irmgard Nickel, Leipzig 1982

Lord Jim: A Tale. Edinburgh/London/New York/Toronto 1900. Dt. Lord Jim: Eine Geschichte. Übers. v. Hedwig Lachmann und Ernst W. Freissler, Berlin 1927. Neu übers. v. Fritz Lorch, Frankfurt / Main 1962, Elli Berger, Leipzig 1981

The Inheritors: An Extravagant Story (mit Ford Madox Hueffer). New York/London 1901

Youth: A Narrative, and Two Other Stories [Youth, Heart of Darkness, The End of the Tether]. Edinburgh/London 1902. Dt. Jugend: Drei Erzählungen [Jugend, Herz der Finsternis, Das Ende vom Lied]. Übers. v. Ernst W. Freissler, Berlin 1926. Neu übers. v. Richard Mummendey, Aarau/Frankfurt am Main 1955, Fritz Lorch, Frankfurt/Main 1968, Elli Berger, Leipzig 1979. Vgl. auch Jugend, übers. v. Richard Fenzl, München 1978

Typhoon. New York/London 1902. Dt. Im Taifun. Übers. v. Elise Eckert, Stuttgart 1908 (als Teil des Bandes Im Taifun – Amy Foster). Neu übers. v. Sonja Burkhard, Aarau/Frankfurt am Main 1956, Barbara Cramer-Nauhaus, Leipzig 1975, Ernst Wagner, Frankfurt/Main 1978 (als Teil des Bandes Taifun. Zwischen Land und See. Drei Erzählungen)

Typhoon, and Other Stories [Amy Foster, Typhoon, Tomorrow, Falk]. London 1903. Dt. Im Taifun – Amy Foster. Übers. v. Elise Eckert, Stuttgart 1908, Sonderbare Käuze [Amy Foster, Morgen, Falk]. Übers. v. Elise Eckert, Stuttgart 1928, Menschen am Strande [Morgen, Amy Foster]. Übers. v. Elise Eckert und Georg Goyert, Stuttgart 1953

Romance: A Novel (mit Ford Madox Hueffer). London 1903

Nostromo: A Tale of the Seabord. London/New York 1904. Dt. Nostromo. Übers. v. Ernst W. Freissler, Berlin 1927. Unter dem Titel Nostromo: Eine Geschichte von der Meeresküste neu übers. v. Fritz Lorch, Frankfurt/Main 1967; unter dem Titel Nostromo: Eine Geschichte von der Küste neu übers. v. Lore Krüger, Berlin/Weimar 1983

The Mirror of the Sea: Memories and Impressions. London/New York 1906. Dt. Spiegel der See: Erinnerungen und Eindrücke. Übers. v. Görge Spervogel, Berlin 1939. Neu übers. v. Ernst Wagner, Frankfurt/Main 1973

The Secret Agent: A Simple Tale. London/New York 1907. Dt. Der Geheimagent. Übers. v. Ernst W. Freissler. Mit einem Vorwort von Thomas Mann, Berlin 1926. Neu übers. v. Günther Danehl, Frankfurt/Main 1963

A Set of Six [An Anarchist, The Brute, Gaspar Ruiz, The Informer, The Duel, Il Conde]. London 1906. Dt. Sechs Erzählungen [Gaspar Ruiz, Der Spitzel, Das Untier, Ein Anarchist, Das Duell, Il Conde]. Übers. v. Fritz Lorch, Frankfurt/Main 1963 (als Teil des Bandes Geschichten der Unrast und Sechs Erzählungen). Vgl. auch Das Duell: Novellen. Übers. v. Ernst W. Günter [d. i. Ernst W. Freissler], München 1914; Das Biest und andere Erzählungen. Übers. v. Ernst W. Günter [d. i. Ernst W. Freissler], München 1912

A Personal Record (ursprünglich unter dem Titel Some Reminiscences). New York 1908. London/New York 1912. Dt. Lebenserinnerungen. Übers. v. Elsie McCalman, Berlin 1928. Unter dem Titel Über mich selbst neu übers. v. Günther Danehl, Frankfurt/Main 1965; unter dem Titel Bericht über mich selbst neu übers. v. Renate Berger, Leipzig 1979

Under Western Eyes. A Novel. London/New York 1911. Dt. Mit den Augen des

Westens. Übers. v. Ernst W. Günter [d. i. Ernst W. Freissler], München 1913. Neu übers. v. Günther Danehl, Frankfurt/Main 1967

Twixt Land and Sea: Tales [The Secret Sharer, A Smile of Fortune, Freya of the Seven Isles]. London/New York 1912. Dt. Zwischen Land und See: Drei Erzählungen. Übers. v. Ernst Wagner, Frankfurt/Main 1978 (als Teil des Bandes Taifun. Zwischen Land und See: Drei Erzählungen). Frühere Übersetzungen v. Elsie McCalman: Der geheime Teilhaber, Berlin 1927; Freya von den Sieben Inseln, Berlin 1929; Ein Lächeln des Glücks: Eine Hafengeschichte, Berlin 1930. Vgl. auch Der heimliche Teilhaber. Übers. v. Maria von Schweinitz, Ebenhausen b. München 1955; Erzählungen [Das Ende vom Lied, Der geheime Teilhaber, Die Schattenlinie]. Übers. v. Elli Berger, Leipzig 1980

Chance. A Tale in Two Parts. London/New York 1913. Dt. Spiel des Zufalls. Übers. v. Ernst W. Freissler, Berlin 1926. Neu übers. v. Lore Krüger, Berlin/Weimar 1974, Fritz Lorch, Frankfurt/Main 1984

One Day More: A Play in One Act. London 1913

Victory: An Island Tale. New York/London 1915. Dt. Sieg: Eine Inselgeschichte. Übers. v. Elsie McCalman, Berlin 1927. Neu übers. v. Walter Schürenberg, Frankfurt/Main 1962

Within the Tides: Tales [The Partner, The Inn of the Two Witches, Because of the Dollars, The Planter of Malata]. London/Toronto 1915. Dt. Zwischen Ebbe und Flut. Übers. v. Elsie McCalman, Berlin 1937. Unter dem Titel Im Wechsel der Gezeiten neu übers. v. Fritz Lorch, Frankfurt/Main 1983 [Der Pflanzer von Malata, Der Partner, Das Wirtshaus der beiden Hexen, Der Dollars wegen]. Vgl. auch Der schwarze Steuermann und andere Erzählungen. Übers. v. Günter Löffler, Berlin 1981, darin u. a. Der Partner, übers. v. Margret Liepach

The Shadow-Line: A Confession. London/Toronto/New York 1917. Dt. Die Schattenlinie: Eine Beichte. Übers. v. Elsie McCalman, Berlin 1926. Unter dem Titel Die Schattenlinie: Ein Bekenntnis «meiner unauslöschlichen Achtung würdig» neu übers. v. Ernst Wagner, Frankfurt/Main 1971 (als Teil des Bandes Der Nigger von der «Narcissus». Die Schattenlinie). Vgl. auch Erzählungen [Das Ende vom Lied. Der geheime Teilhaber. Die Schattenlinie]. Übers. v. Elli Berger. Leipzig 1980

The Arrow of Gold: A Story Between Two Notes. New New York/London 1919. Dt. Der goldene Pfeil: Eine Geschichte zwischen zwei Aufzeichnungen. Übers. v. Elsie McCalman, Berlin 1932. Neu übers. v. Walter Schürenberg, Frankfurt/Main 1966. Späterer Titel: Der goldene Pfeil: Eine Geschichte zwischen zwei Bemerkungen, Frankfurt/Main 1984

The Rescue: A Romance of the Shallows. New York/London/Toronto 1920. Dt. Die Rettung. Übers. v. Elsie McCalman, Berlin 1931. Unter dem Titel Die Rettung: Ein Roman von den Untiefen neu übers. v. Hermann Stresau, Frankfurt/Main 1965

Notes on Life and Letters. London/New York/Toronto 1921

The Secret Agent: Drama in Four Acts. Canterbury 1921. Dt. Der Geheimagent: Ein Drama in vier Akten. Übers. v. Elisabeth Freundlich, Frankfurt/Main 1960

The Rover. New York/London 1923. Dt. Der Freibeuter. Übers. v. Elsie McCalman, Berlin 1930. Neu übers. v. Günther Danehl, Frankfurt/Main 1969

Laughing Anne: A Play. London 1923

The Nature of a Crime (mit Ford Madox Hueffer). London/New York 1924

Suspense: A Napoleonic Novel. New York/London/Toronto 1925. Dt. Spannung. Übers. v. Elsie McCalman, Berlin 1936. Neu übers. v. Günther Danehl, Frankfurt/Main 1976

Tales of Hearsay [The Black Mate, Prince Roman, The Tale, The Warrior's Soul].

London/New York 1925. Dt. Geschichten vom Hörensagen. Übers. v. RICHARD KRAUSHAAR; Prinz Roman übers. v. HANS REISIGER, Berlin 1938. Neue, erweiterte Ausgabe Frankfurt/Main 1959 [Jugend, Herz der Finsternis, Das Ende vom Lied, Gaspar Ruiz, Der geheime Teilhaber, Freya von den Sieben Inseln, Prinz Roman, Das Gasthaus der Hexen, Der Dollars wegen, Der Pflanzer von Malata, Der schwarze Steuermann, Die Geschichte, Die Seele des Kriegers]. Neu übers. v. FRITZ LORCH, Frankfurt/Main 1983. Vgl. auch Meistererzählungen, übers. v. FRITZ GÜTTINGER, Zürich 1977; Der schwarze Steuermann und andere Erzählungen, übers. v. GÜNTER LÖFFLER, Berlin 1981

Last Essays. London/Toronto/New York 1926
The Sisters. New York 1928
Congo Diary and Other Uncollected Pieces. Hg. ZDZISŁAW NAJDER. Garden City, N. Y. 1978

c) Sammelbände und Studienausgaben von Einzelwerken
MORTON D. ZABEL (Hg.): The Portable Conrad. New York 1946 (rev. ed. 1969)
LEONARD F. DEAN (Hg.): Joseph Conrad's «Heart of Darkness»: Backgrounds and Criticisms. Englewood Cliffs, N. J. 1960
BRUCE HARKNESS (Hg.): Conrad's «Heart of Darkness» and the Critics. Belmont, Cal. 1960
ROBERT KIMBROUGH (Hg.): Joseph Conrad, «Heart of Darkness»: An Authoritative Text, Backgrounds and Sources, Criticism. New York/London 1963 (1971^2) (Norton Critical Edition)
WALTER F. WRIGHT (Hg.): Joseph Conrad on Fiction. Lincoln, Neb. 1964
THOMAS C. MOSER (Hg.): Joseph Conrad, «Lord Jim»: An Authoritative Text, Backgrounds, Sources, Essays in Criticism. New York/London 1968 (Norton Critical Edition)
ROBERT KIMBROUGH (Hg.): Joseph Conrad, «The Nigger of the ‹Narcissus›»: An Authoritative Text, Backgrounds und Sources, Reviews and Criticism. New York 1979 (Norton Critical Edition)

2. Briefe

Von der auf insgesamt acht Bände veranschlagten Ausgabe der Briefe Conrads sind bisher die folgenden beiden Bände erschienen:
The Collected Letters of Joseph Conrad, vol. 1, 1861–1897. Hg. FREDERICK R. KARL und LAURENCE DAVIES. Cambridge 1983
The Collected Letters of Joseph Conrad, vol. 2, 1898–1902. Hg. FREDERICK R. KARL und LAURENCE DAVIES. Cambridge 1986

Einzelausgaben:
Joseph Conrad's Letters to His Wife. London 1927
G. JEAN-AUBRY: Joseph Conrad: Life and Letters, 2 Bände. New York 1927
Letters from Joseph Conrad, 1895–1924. Hg. EDWARD GARNETT. Indianapolis 1928
Conrad to a Friend: 150 Selected Letters from Joseph Conrad to Richard Curle. Hg. RICHARD CURLE. New York 1928
G. JEAN-AUBRY (Hg.): Joseph Conrad: Lettres françaises. Paris 1930
Letters of Joseph Conrad to Marguerite Poradowska, 1890–1920. Hg. JOHN A. GEE und PAUL J. STURM. New Haven, Conn. 1940
Joseph Conrad: Letters to William Blackwood and David S. Meldrum. Hg. WILLIAM BLACKBURN. Durham, N. C. 1958

ZDZISŁAW NAJDER (Hg.): Conrad's Polish Background: Letters to and from Polish Friends. London 1964
RENÉ RAPIN (Hg.): Lettres de Joseph Conrad à Marguerite Poradowska. Genf 1966
Joseph Conrad and Warrington Dawson: The Record of a Friendship. Hg. DALE B. J. RANDALL. Durham, N. C. 1968
CEDRIC T. WATTS (Hg.): Joseph Conrad's Letters to R. B. Cunninghame Graham. Cambridge 1969

3. Forschungsberichte, Bibliographien, Hilfsmittel

BEEBE, MAURICE: Criticism of Joseph Conrad: A Selected Checklist with an Index to Studies of Separate Works. In: Modern Fiction Studies, I (1955), 30–45
BEEBE, MAURICE: Criticism of Joseph Conrad: A Selected Checklist with an Index to Studies of Separate Works. In: Modern Fiction Studies, X (1964), 81–106
EHRSAM, THEODORE G.: A Bibliography of Joseph Conrad. Metuchen, N. J. 1969
HIGDON, DAVID LEON: Conrad in the Eighties: A Bibliography and Some Observations. In: Conradiana, 17 (1985), 214–249
LOHF, KENNETH A., und SHEENEY, EUGENE P.: Joseph Conrad at Mid-Century: Editions and Studies, 1895–1955. Minneapolis, Minn. 1957
SCHUNCK, FERDINAND: Joseph Conrad. Darmstadt 1979 (Erträge der Forschung, Bd. 112)
SECOR, ROBERT, und MODDELMOG, DEBRA (Hg.): Joseph Conrad and American Writers: A Bibliographical Study of Affinities, Influences and Relations. Westport, Conn. 1985
SHERRY, NORMAN (Hg.): Conrad: The Critical Heritage. London/Boston 1973
TEETS, BRUCE E., und GERBER, HELMUTH E. (Hg.): Joseph Conrad: An Annotated Bibliography of Writings about Him. De Kalb, Ill. 1971
VERLEUN, JAN, und DE VRIES, JETTY: Conrad Criticism Today: An Evaluation of Recent Conrad Scholarship. In: English Literature in Transition, 1880–1920, 29 (1986), 241–275

4. Sekundärliteratur

Die folgende Auswahl beschränkt sich auf Bücher und Sammelbände; Zeitschriftenaufsätze und Dissertationen werden nur in Ausnahmefällen angeführt.

ALLEN, JERRY: The Thunder and the Sunshine: A Biography of Joseph Conrad. New York 1958
ALLEN, JERRY: The Sea Years of Joseph Conrad. Garden City, N. Y. 1965
ANDREAS, OSBORN: Joseph Conrad: A Study in Non-Conformity. New York 1959
BAINES, JOCELYN: Joseph Conrad: A Critical Biography. London 1960
BANCROFT, WILLIAM: Joseph Conrad: His Philosophy of Life. Philadelphia, Pa. 1931
BERTHOUD, JACQUES: Joseph Conrad: The Major Phase. Cambridge 1978
BITTNER, GERHARD: Der Symbolgehalt der Werke Joseph Conrads. Diss. Freiburg 1967
BONNEY, WILLIAM W.: Thorns and Arabesques: Contexts for Conrad's Fiction. Baltimore, Md. 1980
BOYLE, TED E.: Symbol and Meaning in the Fiction of Joseph Conrad. The Hague 1965
BRADBROOK, MURIEL C.: Joseph Conrad: Poland's English Genius. Cambridge 1941
BRUSS, PAUL: Conrad's Early Sea-Fiction. Lewisburg, Pa. 1979

BURGESS, C. F.: The Fellowship of the Craft: Conrad on Ships and Seamen and the Sea. Port Washington, N. Y. 1976
BURKHARDT, JOHANNA: Das Erlebnis der Wirklichkeit und seine künstlerische Gestaltung in Joseph Conrads Werk. Diss. Marburg 1935
BUSZA, ANDRZEJ: Conrad's Polish Literary Background and Some Illustrations of the Influence of Polish Literature on his Work. In: Antemurale X, Rom/London 1966, 109–256
CONRAD, BORYS: My Father: Joseph Conrad. New York 1970
CONRAD, JESSIE: Joseph Conrad as I Knew Him. London 1926
CONRAD, JESSIE: Joseph Conrad and His Circle. London/New York 1935
CONRAD, JOHN: Joseph Conrad: Times Remembered. Cambridge 1981
COOLIDGE, OLIVIA: The Three Lives of Joseph Conrad. Boston 1972
COOPER, CHRISTOPHER: Conrad and the Human Dilemma. London 1970
COX, C. B.: Joseph Conrad: The Modern Imagination. London 1974
COX, C. B. (Hg.): «Heart of Darkness», «Nostromo», and «Under Western Eyes»: A Casebook. London 1981
CRANKSHAW, EDWARD: Joseph Conrad: Some Aspects of the Art of the Novel. London 1936, 1976[2]
CURLE, RICHARD: The Last Twelve Years of Joseph Conrad. London 1928
DALESKI, H. M.: Joseph Conrad: The Way of Dispossession. London 1977
DARRAS, JACQUES: Joseph Conrad and the West: Signs of Empire. New York/London 1982
DAS, R. J.: Joseph Conrad: A Study in Existential Vision. New Delhi 1982
DAVIDSON, ARNOLD E.: Conrad's Endings: A Study of the Five Major Novels. Ann Arbor, Mich. 1984
DELBANCO, NICHOLAS: Group Portrait: Joseph Conrad, Stephen Crane, Ford Madox Ford, Henry James, and H. G. Wells. A Biographical Study of Writers in Community. New York 1982
DOWDEN, WILFRED S.: Joseph Conrad: The Imaged Style. Nashville, Tenn. 1970
FLEISHMAN, AVROM: Conrad's Politics: Community and Anarchy in the Fiction of Joseph Conrad. Baltimore, Md. 1967
FORD, FORD MADOX: Joseph Conrad: A Personal Remembrance. London/Boston 1924
GALSWORTHY, JOHN: Castles in Spain and Other Screeds. London 1927
GEDDES, GARY: Conrad's Later Novels. Montreal 1980
GILLON, ADAM: The Eternal Solitary: A Study of Joseph Conrad. New York/London 1960
GILLON, ADAM: Joseph Conrad. Boston 1982
GLASSMAN, PETER: Language and Being: Joseph Conrad and the Literature of Personality. New York 1976
GÖDICKE, HORST: Der Einfluß Flauberts und Maupassants auf Joseph Conrad. Diss. Hamburg 1969
GOETSCH, PAUL: Joseph Conrad's «Nostromo». In: Der moderne englische Roman: Interpretationen. Hg. HORST OPPEL, Berlin 1965, 49–77
GOETSCH, PAUL: Die Romankonzeption in England, 1880–1910. Heidelberg 1967
GOETSCH, PAUL (Hg.): Englische Literatur zwischen Viktorianismus und Moderne. Darmstadt 1983 (Wege der Forschung, Band 629)
GORDAN, JOHN D.: Joseph Conrad: The Making of a Novelist. Cambridge, Mass. 1940
GRAVER, LAWRENCE: Conrad's Short Fiction. Berkeley, Cal. 1969
GUERARD, ALBERT J.: Conrad the Novelist. Cambridge, Mass. 1958, 1962[2]
GUETTI, JAMES: The Limits of Metaphor: A Study of Conrad, Melville, and Faulkner. Ithaca, N. Y. 1967
GURKO, LEO: Joseph Conrad: Giant in Exile. New York 1962
GURKO, LEO: The Two Lives of Joseph Conrad. New York 1965

HAUGH, ROBERT F.: Joseph Conrad: Discovery in Design. Norman, Okla. 1957
HAWTHORN, JEREMY: Joseph Conrad: Language and Fictional Self-Consciousness. London 1979
HAY, ELOISE KNAPP: The Political Novels of Joseph Conrad: A Critical Study. Chicago, Ill. 1963
HERGET, WILFRIED: Untersuchungen zur Wirklichkeitsgestaltung im Frühwerk Joseph Conrads, mit besonderer Berücksichtigung des Romans «Lord Jim». Diss. Frankfurt 1965
HERNDON, RICHARD: The Collaboration of Joseph Conrad and Ford Madox Ford. Diss. Stanford 1957
HERVOUET, YVES: Joseph Conrad and the French Language. In: Conradiana, XI (1979), 229–251; Conradiana, XIV (1982), 23–49
HERVOUET, YVES: Conrad's Relationship with Anatole France. In: Conradiana, XII (1980), 195–225
HERVOUET, YVES: Conrad and Maupassant: An Investigation into Conrad's Creative Process. In: Conradiana, XIV (1982), 83–111
HERVOUET, YVES: Aspects of Flaubertian Influence on Conrad's Fiction. In: Revue de Littérature Comparé, 57 (1983), 5–24
HEWITT, DOUGLAS: Conrad: A Reassessment. Cambridge 1952
HODGES, ROBERT R.: The Dual Heritage of Joseph Conrad. The Hague 1967
HÖNNIGHAUSEN, LOTHAR: Maske und Perspektive. Weltanschauliche Voraussetzungen des perspektivischen Erzählens. In: Germanisch-Romanische Monatsschrift, 26 (1976), 287–307
HOFFMAN, STANTON DE VOREN: Comedy and Form in the Fiction of Joseph Conrad. The Hague 1969
HUBBARD, FRANCIS A.: Theories of Action in Conrad. Ann Arbor, Mich. 1984
HUNTER, ALLAN: Joseph Conrad and the Ethics of Darwinism. London/Canberra 1983
JEAN-AUBRY, G.: Joseph Conrad in the Congo. Boston 1926
JEAN-AUBRY, G.: The Sea Dreamer: A Definitive Biography of Joseph Conrad. New York 1957
JOHNSON, BRUCE: Conrad's Models of Mind. Minneapolis, Minn. 1971
JONES, MICHAEL P.: Conrad's Heroism: A Paradise Lost. Ann Arbor, Mich. 1985
KARL, FREDERICK R.: A Reader's Guide to Joseph Conrad. London/New York 1960
KARL, FREDERICK R. (Hg.): Joseph Conrad: A Collection of Criticism. New York 1975
KARL, FREDERICK R.: Joseph Conrad: The Three Lives. New York 1979 (Dt. von Christian Spiel: Joseph Conrad. Eine Biographie. Hamburg 1983)
KAUHL, GUDRUN: Joseph Conrad: «The Secret Agent». Text und zeitgeschichtlicher Kontext. Frankfurt am Main/Bern/New York 1986
KIELY, ROBERT: Robert Louis Stevenson and the Fiction of Adventure. Cambridge, Mass. 1965
KIRSCHNER, PAUL: Conrad: The Psychologist as Artist. Edinburgh 1968
KNOWLES, OLIVER: Joseph Conrad. London 1978
KRZYŻANOWSKI, LUDWIK (Hg.): Joseph Conrad: Centennial Essays. New York 1960
KUEHN, ROBERT T. (Hg.): Twentieth Century Interpretations of «Lord Jim». Englewood Cliffs, N. J. 1969
LAND, STEPHEN K.: Paradox and Polarity in the Fiction of Joseph Conrad. New York 1984
LEAVIS, F. R.: The Great Tradition: George Eliot, Henry James, Joseph Conrad. London 1948
LEE, ROBERT F.: Conrad's Colonialism. The Hague 1969

McClure, John A.: Kipling and Conrad: The Colonial Fiction. Cambridge, Mass./London 1981

Megroz, R. L.: Joseph Conrad's Mind and Method: A Study of Personality in Art. London 1931

Meyer, Bernard C.: Joseph Conrad: A Psychoanalytic Biography. Princeton, N. J. 1967

Milbauer, Asher Z.: Transcending Exile: Conrad, Nabokov, I. B. Singer. Gainesville, Fla. 1985

Miller, J. Hillis: Poets of Reality: Six Twentieth-Century Writers. Cambridge, Mass. 1965

Mizener, Arthur: The Saddest Story: A Biography of Ford Madox Ford. New York 1971

Morf, Gustav: The Polish Heritage of Joseph Conrad. New York/London 1930

Morf, Gustav: The Polish Shades and Ghosts of Joseph Conrad. New York 1976

Moser, Thomas C.: Joseph Conrad: Achievement and Decline. Cambridge, Mass. 1957

Mudrick, Marvin (Hg.): Conrad: A Collection of Critical Essays. Englewood Cliffs, N. J. 1966

Murfin, Ross C. (Hg.): Conrad Revisited: Essays for the Eighties. University, Ala. 1985

Najder, Zdzisław: Joseph Conrad: A Chronicle. New Brunswick, N. J. 1983

Najder, Zdzisław (Hg.): Conrad under familial eyes. Cambridge 1983

Nettels, Elsa: James and Conrad. Athens, Ga. 1977

Newhouse, Neville H.: Joseph Conrad. London 1966

O'Hanlon, Redmond: Joseph Conrad and Charles Darwin: The Influence of Scientific Thought on Conrad's Fiction. Atlantic Highlands, N. J. 1984

Page, Norman: A Conrad Companion. London 1986

Palmer, John A.: Joseph Conrad's Fiction: A Study in Literary Growth. Ithaca, N. Y. 1968

Palmer, John A. (Hg.): Twentieth Century Interpretations of ‹The Nigger of the ‹Narcissus›»: A Collection of Critical Essays. Englewood Cliffs, N. J. 1969

Parry, Benita: Conrad and Imperialism: Ideological Boundaries and Visionary Frontiers. London 1983

Pfister, Manfred, und Schulte-Middelich, Bernd (Hg.): Die ‹Nineties›: Das englische Fin de siècle zwischen Dekadenz und Sozialkritik. München 1983

Petterson, Torsten: Consciousness and Time: A Study in the Philosophy and Narrative Technique of Joseph Conrad. Abo 1982

Pinsker, Sanford: The Languages of Joseph Conrad. Amsterdam 1978 (Costerus: Essays in English and American Literature, New Series, vol. VII)

Purdy, Dwight H.: Joseph Conrad's Bible. Norman, Okla. 1984

Raskin, Noah: The Mythology of Imperialism. New York 1971

Retinger, J. H.: Conrad and His Contemporaries. London 1941

Rieselbach, Helen F.: Conrad's Rebels: The Psychology of Revolution in the Novels from «Nostromo» to «Victory». Ann Arbor, Mich. 1984

Rosenfield, Claire: Paradise of Snakes: An Archetypal Analysis of Conrad's Political Novels. Chicago, Ill. 1967

Roussell, Royal: The Metaphysics of Darkness: A Study in the Unity and Development of Conrad's Fiction. Baltimore, Md./London 1971

Russell, Bertrand: Portraits from Memory and Other Essays. London 1956

Ryf, Robert S.: Joseph Conrad. New York/London 1970

Said, Edward W.: Joseph Conrad and the Fiction of Autobiography. Cambridge, Mass. 1966

Saveson, John E.: Joseph Conrad: The Making of a Moralist. Amsterdam 1972

Saveson, John E.: Conrad: The Later Moralist. Amsterdam 1974

Schnackertz, Hermann Josef: Joseph Conrad: «Lord Jim». München 1984

Schwarz, Daniel R.: Conrad: «Almayer's Folly» to «Under Western Eyes». London 1980
Schwarz, Daniel R.: Conrad: The Later Fiction. London 1982
Senn, Werner: Conrad's Narrative Voice: Stylistic Aspects of His Fiction. Bern 1980
Sherry, Norman: Conrad's Eastern World. Cambridge 1966
Sherry, Norman: Conrad's Western World. Cambridge 1971
Sherry, Norman: Conrad and His World. London 1972
Sherry Norman (Hg.): Joseph Conrad: A Commemoration. Papers from the 1974 International Conference on Conrad. London 1976
Simons, Kenneth: The Ludic Imagination: A Study of the Play Element in Conrad's Literature. Ann Arbor, Mich. 1984
Stallman, R. W. (Hg.): The Art of Joseph Conrad: A Critical Symposium. East Lansing, Mich. 1960
Stallmann, R. W., und Gilkes, Lillian (Hg.): Stephen Crane: Letters. New York 1960
Stelzer, Helga: Narzißmus-Problematik und Spiegel-Technik in Joseph Conrads Romanen, unter besonderer Berücksichtigung von «Lord Jim», «Victory» und «Under Western Eyes». Frankfurt am Main/Bern/New York 1983
Stewart, J. I. M.: Joseph Conrad. New York/London 1968
Stresau, Hermann: Joseph Conrad: Der Tragiker des Westens. Berlin 1937
Sutherland, J. G.: At Sea with Joseph Conrad. London 1922
Symons, Arthur: Notes on Joseph Conrad. London 1925
Tanner, Tony: Conrad: «Lord Jim». London 1963
Tarnawski, Wit: Conrad the Man, the Writer, the Pole. London 1984
Tennant, Roger: Joseph Conrad: A Biography. London 1981
Thorburn, David: Conrad's Romanticism. New Haven, Conn./London 1974
Tucker, David: Joseph Conrad. New York 1976
Visiak, Edward Harold: The Mirror of Conrad. London 1955
Warner, Oliver: Joseph Conrad. London 1951
Watson, Wallace S.: Conrad on Film. In: Conradiana, XI (1979), 209–227
Watt, Ian (Hg.): Conrad: «The Secret Agent». A Casebook. London 1973
Watt, Ian: Conrad in the Nineteenth Century. London 1980
Watts, Cedric: A Preface to Conrad. London/New York 1982
Watts, Cedric: The Deceptive Text: An Introduction to Covert Plots. Brighton, Sussex/Totowa, N. J. 1984
Weiand, Hermann J.: Joseph Conrad: Werk und Leben. Düsseldorf 1979
Wells, H. G.: Experiment in Autobiography. London 1934. 2 Bände
Wiley, Paul: Conrad's Measure of Man. Madison, Wisc. 1954
Wilson, Robert: Conrad's Mythology. Troy, N. Y. 1986
Wright, Walter F.: Romance and Tragedy in Joseph Conrad. Lincoln, Neb. 1949
Wüscher, Albert: Schau und Veranschaulichung der Außenwelt bei Joseph Conrad. Diss. Zürich 1934
Yelton, Donald C.: Mimesis and Metaphor: An Inquiry into the Genesis and Scope of Conrad's Symbolic Imagery. The Hague 1967
Zabel, Morton D.: Craft and Character: Text Method, and Vocation in Modern Fiction. New York 1957
Zyla, Wolodmyr, und Aycock, Wendell M. (Hg.): Joseph Conrad: Theory and World Fiction. Lubbock, Texas 1974

Hingewiesen sei weiterhin auf zwei bemerkenswerte literarische Zeugnisse über Joseph Conrad:
Horst Laube: Zwischen den Flüssen: Reisen zu Joseph Conrad. Frankfurt/Main 1982
Brigitte Kronauer: Berittener Bogenschütze. Roman. Stuttgart 1986

5. Verfilmungen

Victory. Paramount 1919. Regie: MAURICE TOURNEUR. Drehbuch: STEPHEN FOX

Lord Jim. Paramount 1925. Regie: VICTOR FLEMING. Drehbuch: GEORGE HULL

The Silver Treasure. Fox Film Corporation 1926. Regie: ROWLAND LEE. Drehbuch: ROBERT N. LEE [Nostromo]

The Road to Romance. Metro-Goldwyn-Mayer 1927. Regie: JOHN S. ROBERTSON. Drehbuch: JOSEPHINE LOVELL [Romance]

The Rescue. Samuel Goldwyn/United Artists 1929. Regie: HERBERT BRENON. Drehbuch: ELIZABETH MEEHAN

Dangerous Paradise. Paramount 1930. Regie: WILLIAM A. WELLMAN. Drehbuch: W. S. MCNUTT und GROVER JONES [Victory]

Sabotage. Gaumont-British 1936 (in den USA unter dem Titel A Woman Alone). Regie: ALFRED HITCHCOCK. Drehbuch: CHARLES BENNETT [The Secret Agent]

Razumov (Sous les yeux d'occident). André Daven 1936. Regie: MARC ALLEGRET. Drehbuch: W. WILHELM und L. LUSTIG [Under Western Eyes]

Victory. Paramount 1940. Regie: JOHN CROMWELL. Drehbuch: JOHN L. BALDERSTON

An Outcast of the Islands. London Films/British Lion 1952. Regie: CAROL REED. Drehbuch: WILLIAM FAIRCHILD

Face to Face. Theasquare Prod./Hartford RKO 1952. Regie: JOHN BRAHM. Drehbuch: AENEAS MACKENZIE [The Secret Sharer, verbunden mit Stephen Cranes Erzählung The Bride Comes to Yellow Sky]

Laughing Anne. Imperadio Pictures 1953. Regie: HERBERT WILCOX. Drehbuch: PAMELA BOWER

Lord Jim. Columbia/Keep 1964. Regie: RICHARD BROOKS. Drehbuch: RICHARD BROOKS

L'Avventuriero. Avco 1967. Regie: TERENCE YOUNG. Drehbuch: LUCIANO VINCENZONI und JO EISENGER [The Rover]

The Secret Sharer. Encyclopedia Britannica Educational Corporation 1973. Regie: LARRY YUST. Drehbuch: LARRY YUST

The Shadow Line. Polish Corporation for Film Production und Thames Television 1976. Regie: ANDRZEJ WAJDA. Drehbuch: BOLESLAW SULIK und ANDRZEJ WAJDA

The Duellists. Paramount 1977. Regie: RIDLEY SCOTT. Drehbuch: GERALD VAUGHAN-HUGHES [The Duel]

Apocalypse Now. Omni Zoetrope 1979. Regie: FRANCIS COPPOLA. Drehbuch: JOHN MILIUS und FRANCIS COPPOLA [Heart of Darkness]

Der Geheimagent. Bavaria München/Technisonor Paris/F 3/L. P. Film/Norddeutscher Rundfunk 1981. Regie: MARCEL CAMUS. Drehbuch: ROGER GRENIER [The Secret Agent]

Des Teufels Paradies. Atossa Film/Concorde Film 1987. Regie: VADIM GLOWNA. Drehbuch: LEONARD TUCK, VADIM GLOWNA, JOE HEMBUS, C. DOHERTY [Victory]

Namenregister

Die kursiv gesetzten Zahlen bezeichnen die Abbildungen

Alexander II. Nikolajewitsch, Zar 12
Arnold, Matthew 109

Baines, Jocelyn 31
Bennett, Arnold 132
Blackwood, William 71
Bobrowski, Eva s. u. Eva Korzeniowska
Bobrowski, Joseph 9
Bobrowski, Tadeusz 11, 14f, 18, 19, 22f, 26, 28f, 32, 35, 38, 41, 48, 51, 52f, 122, *23*
Brando, Marlon *96*
Briquel, Émilie 59f
Byron, George Gordon Noel, Lord 28
Byszczynski, Stefan 39

Carlos Luis de Borbón, Conde de Montemolín, Don 22
Carlyle, Thomas 112
Cervoni, Dominic 20f
Conrad, Borys 122, 126, 132, *110/111*, *126*
Conrad, Jessie 59f, 74, 78, 84f, 116, 119, 132f, *60*, *110/111*
Conrad, John 79, *113*
Cooper, James Fenimore 86
Crane, Stephen 64, 82f, 89, *82*
Curle, Richard 60, 85, 136

Dawson, Warrington 85
Delestang, M. 20
Delestang, Mme. 19
Dostojevskij, Fjodor M. 96
Drake, Sir Francis 87
Duteil 23

Eliot, Thomas Stearns 128
Escarras, Kapitän 22

Faulkner, William 102, 134f
Fitzgerald, Francis Scott 102, 134
Flaubert, Gustave 28, 56, 66, 115, *56*
Ford, Ford Madox 76, 83f, 119, *84*
France, Anatole (Jacques-Anatole Thibault) 115
Franklin, Sir John 87

Galsworthy, John 18, 51, 58, 73, 78, 79, 85, 119, 122, *52*
Garnett, Edward 9, 14, 47, 58f, 62f, 71, 80, 83, 85, 114, 132, *58*
George, Jessie s. u. Jessie Conrad
Gide, André 79, 115, *115*
Glasgow, Ellen *110/111*
Gordan, John D. 57
Graham, R. B. Cunninghame 81, 109, 119, *81*
Greene, Graham 136
Guerard, A. 136

Hardy, Thomas 109
Hawkins, Jack *104*
Hemingway, Ernest 134
Hönnighausen, Lothar 110
Hugo, Victor 14

James, Henry 64, 79f, 85, 102, 110, 118, *80*
Jean-Aubry, Gerard 85, 132
Joyce, James 102, 128

Karl, Frederick R. 8
Kipling, Rudyard 57f, 86
Klein, George Antoine 44
Kliszczewski, Joseph Spiridion 31, 33
Korzeniowska, Eva 10f, *11*
Korzeniowski, Apollo 9f, 28, 30, 32, 74, 122, *10*
Korzeniowski, Theodor N. 9

Lawrence, David Herbert 58, 128
Leopold II., König der Belgier 42

Marryat, Frederick 86
Maupassant, Guy de 73, 115, *74*
Mickiewicz, Adam 15

Najder, Zdzisław 8, 14, 32, 47, 120
Napoleon I., Kaiser der Franzosen 130
Nietzsche, Friedrich 97

Olmejer, Charles 56

Pater, Walter 73, 110f
Piłsudski, Józef 125

Pinker, James B. 117f, 134, *117*
Poradowska, Marguerite 41, 47f, 51, 53f, 73, *48*
Pound, Ezra 128
Proust, Marcel 115
Pulmann, Adam 16, 19

Quinn, Anthony *130*
Quinn, John 117, 134

Russell, Bertrand Earl 115, *116*

Sanderson, Edward 51f, 61, 75, 130, *52*
Schopenhauer, Arthur 73
Senn, Werner 107
Shakespeare, William 14, 28
Słowacki, Juliusz 15
Solary, Baptistin 19
Spender, Stephen 58
Stevenson, Robert Louis 58, 86

Tennyson, Alfred Lord 109

Unwin, Fisher T. 54

Valéry, Paul 115

Watts, Ian 72
Wells, Herbert George 79, 85, *79*
Wilde, Oscar 110f
Winawer, Bruno 125
Woolf, Virginia 102, 128
Wordsworth, William 73

Zagórska, Aniela 125
Zagórska, Karola 125

Nachbemerkung

Für ihre Unterstützung bei der Materialbeschaffung danke ich den Bibliothekaren der Polish Library in London und der Berg Collection in der New York Public Library. Mein besonderer Dank gilt meiner verstorbenen Kollegin Prof. Dr. Karen Baasch und Prof. Dr. Helmuth Nürnberger für hilfreiche Anregungen und freundschaftlichen Rat. Für ihre Hilfe bei der Durchsicht des Manuskripts und beim Korrekturlesen danke ich Dr. Jens Peter Becker, Ralf Lebro und Claudia Wrage.

Über den Autor

Peter Nicolaisen, geboren 1936 in Hamburg, Studium der Anglistik und Germanistik, Promotion und Habilitation an der Universität Kiel. Professor an der Pädagogischen Hochschule Flensburg, Privatdozent an der Universität Kiel (Englische Philologie).

Veröffentlichungen über Edward Taylor, Joseph Conrad, Ernest Hemingway («Ernest Hemingway: Studien zum Bild der erzählten Welt», Neumünster 1979), William Faulkner. Für «rowohlts monographien» schrieb er den Band «William Faulkner» (1981).

Quellennachweis der Abbildungen

S. Fischer Verlag, Frankfurt/Main: 6, 63, 99, 101, 108, 131, 135
The Beinecke Rare Book and Manuscript Library, New Haven: 10, 11, 13, 17, 34, 50
Nationalbibliothek Warschau: 8
Historisches Museum, Warschau: 15
The Mansell Collection, London: 20/21
Biblioteka Jagiellońska, Krakau: 23
BBC, Hulton Picture Library, London: 24, 26, 27, 80, 81, 84, 88, 115
Royal Commonwealth Society, London: 29
Aus: Frederick R. Karl & Laurence Davies (Ed.), The Collected Letters of Joseph Conrad, Vol. I, Cambridge University Press, 1983: 32/33
Aus: Norman Sherry, Conrad and His World, London 1972: 35, 37, 45, 52, 66/69, 79, 110/111, 128/129
Joseph Conrad Estate: 43, 119
Ullstein-Bilderdienst, Berlin: 46, 74, 116, 121
Widener Library, Harvard University: 48
Éditions du Seuil, Paris: 56
Sammlung Richard Garnett: 58
University of Texas Library, Texas: 60
Royal Commonwealth Society, London: 65
Aus: Jerry Allan, Joseph Conrad, Wuppertal 1969: 67
Aus: Joseph Conrad, Lord Jim, London 1925: 77
Aus: R. W. Stallman, Stephen Crane, New York 1968: 82
Stiftung Deutsche Kinemathek, Berlin: 86, 90, 94, 95, 104, 130
Aus: Cedric Watts, A Preface to Conrad, London 1982: 106
Aus: Zdisław Najder, Joseph Conrad, New Brunswik 1983: 113
Österreichische Nationalbibliothek, Wien: 123
Perkins Library, Durham: 126